高中卷

鲁迅青少年文学奖

精品集

总策划 —— 周令飞
主　编 —— 徐建华

文汇出版社

图书在版编目（CIP）数据

鲁迅青少年文学奖精品集. 高中卷/徐建华主编
. —上海：文汇出版社，2021.5
 ISBN 978－7－5496－3486－6

Ⅰ.①鲁… Ⅱ.①徐… Ⅲ.①中国文学—当代文学—作品综合集 Ⅳ.①I217.1

中国版本图书馆CIP数据核字（2021）第051496号

鲁迅青少年文学奖精品集（高中卷）

总 策 划 / 周令飞
主　　编 / 徐建华

责任编辑 / 吴　华
插　　图 / 赵　敏
摄　　影 / 陆嘉榕
封面装帧 / 薛　冰

出 版 人 / 周伯军

出版发行 / 文汇出版社
　　　　　上海市威海路755号
　　　　　（邮政编码200041）
经　　销 / 全国新华书店
排　　版 / 南京展望文化发展有限公司
印刷装订 / 上海颛辉印刷厂有限公司
版　　次 / 2021年5月第1版
印　　次 / 2021年12月第2次印刷
开　　本 / 720×960　1/16
字　　数 / 220千字
印　　张 / 16.75

ISBN 978－7－5496－3486－6
定　　价 / 40.00元

编委会　　总策划　周令飞
　　　　　　主　编　徐建华
　　　　　　副主编　江林新　周俊峰

编　委　　赵晓军　胡思华　周　慰
　　　　　　李　婷　柳　琴　刘文婷

序

鲁迅青少年文学奖不知不觉已经走过了十三年,有时真感觉这十三年好像只有十三英寸的长度,转眼即逝。

回想十三年前,好像是春天的季节,一个下午的时光,天气微凉,在淮海路、陕西路一家很小的咖啡馆,和周令飞先生第一次见面,聊起当下青少年的阅读和写作,有很多很多内心的共振。我冒失地提出想和周先生合作举办鲁迅青少年文学奖,目的是让青少年阅读鲁迅等一批著名作家的作品,爱上阅读,爱上写作,特别是要写出真性情的文章。周先生回去和家人商量后欣然同意合作,携手举办这项面对青少年的文学创作活动。

没有想到第一年上海就有几万人参加,一年年进步,一年年有越来越多的学生参加,逐渐突破十万、五十万、一百万的参赛人数,从上海逐渐发展到全国各地,甚至海外学中文的学生。

这十多年我们一直秉持两大原则:一是鲁迅青少年文学奖的公益性原则,不收取任何名目的费用;二是倡导学生写自己的真情实感,写他们的所见所闻所思,是他们自己想说的真话。

作为主办方,长达半年的初赛、决赛,事务烦琐而劳心,但每每看到精彩的好文章,一切疲劳都烟消云散。特别是每年的颁奖典礼,看到爸爸、妈妈,或者是爷爷、奶奶、外公、外婆,和学生一起满脸笑容地来到会场,看到他们拿到奖状的幸福模样,也许其中有不少学生从此会热爱阅读、热爱写作,我们会深深感受到举办这项活动是有意义的,尤其是想到这甚至会影响人的一生,我们就无比欣慰。

每年都会有学生告诉我们今年他参加高考，考取了什么大学，有的是名牌大学，有的是普通大学，他们记得自己中小学时代曾经参加过鲁迅青少年文学，记得他们初赛、决赛、颁奖典礼的点点细节。有同学对我说，那是他学生时代最亮的光！一直温暖着他前行。

今年是鲁迅先生诞辰140周年，我们编辑出版这套丛书也是对鲁迅先生最好的纪念。这套丛书荟萃了近年来鲁迅青少年文学奖全国各地参赛学生的优秀作品。阅读这些作品，扑面而来的是新时代中小学生的蓬勃朝气，我们能深切地感受到他们这一代人看到的周遭世界的变化以及他们心里的情感起伏。他们必将成为这个伟大时代有担当的建设者。

记得周海婴先生健在的时候，对鲁迅青少年文学奖也非常关心、呵护，还曾担任鲁迅青少年文学奖组委会名誉主席，对青少年的文学写作给予诸多勉励和支持。鲁迅青少年文学奖有今天的一些成绩和他的鼎力相助是密不可分的。

今年又要举办第十三届鲁迅青少年文学奖了，我相信这项青少年的文学创作活动会一届一届办下去，会发掘、培养、激励一批批青少年热爱阅读、热爱写作、热爱生活。我们为此仍将不懈努力。

鲁迅青少年文学奖组委会常务副主席　徐建华
2021年3月

目 录

第一辑　校园光影

校园里的那个身影　　　　　　　　金蒙璐 / 2
好久不见　　　　　　　　　　　　钱　侑 / 5
光影　　　　　　　　　　　　　　吴忱松 / 8
一个人的生活　　　　　　　　　　郭旭峥 / 10
你好　　　　　　　　　　　　　　赵　葳 / 14
沉默是金吗　　　　　　　　　　　陈艺尹 / 21
风起时，我想起那些年　　　　　　许方舟 / 25

第二辑　那年初夏

与这个世界道别　　　　　　　　董文婕 / 30
消失在天际的孔明灯　　　　　　陈奕陶 / 33
留在心底的风景　　　　　　　　沈晨瑶 / 35
摆小摊子的老人　　　　　　　　葛　鸽 / 39
初夏的回忆　　　　　　　　　　马钰婷 / 42
初夏的感慨　　　　　　　　　　曹居一 / 44
柿子树　　　　　　　　　　　　张栎婧 / 47

第三辑　如花的微笑

远处盛开的烟花　　　　　　　　刘祎宁 / 52
从来没有什么告别　　　　　　　胡海琪 / 55
熟悉与陌生　　　　　　　　　　蔡　翔 / 58
月满纸花　　　　　　　　　　　朱羚玮 / 62
夏河　　　　　　　　　　　　　夏晓蒙 / 70
他的笑，他的拥抱　　　　　　　王天奇 / 75
父亲　　　　　　　　　　　　　陈　蓓 / 77

第四辑　岁月的约定

告别　　　　　　　　　　　　　曹文钰 / 84

约定	李 蓁 / 87
浅笑无痕	官亚琦 / 91
学会告别	朱烨鑫 / 93
远方的快递	潘 芸 / 96
温暖的记忆	常心睿 / 99
紫藤花	周卓君 / 103

第五辑　月光的舞蹈

认识你，真好	刘家雯 / 108
溪水女孩	周包宁 / 112
阿雅的故事	何紫萁 / 115
牛娃	李武斌 / 118
风起时，我想起家乡	张绍琦 / 122
那时的英雄	陈 越 / 125
下一个天亮	陈蓉蓉 / 128
每个学子总有一盏灯火相伴	张辰宇 / 131
奶奶的三轮车	杜沁妍 / 136

第六辑　远方春日

向着明亮那方	黄琪雯 / 140

风起时，我想起你	范建军 / 143
痛痛飞走啦	陈伊凡 / 147
一次不曾告别的告别	陈胤迪 / 150
春日	盛郁文 / 153
无声叙事	丁佳怡 / 156
看门人	苏元悦 / 161

第七辑　倾听的诗意

初夏的感慨	张璐婧 / 166
白夜行	唐缘情 / 168
初夏的诗意	张贝瑶 / 170
倾听初夏	毛悦旸 / 173
庸俗的六便士与孤独的月亮	过静霖 / 176
匕首	吴睿卿 / 178

第八辑　小巷印痕

老巷的初夏	臧　琦 / 182
边缘	李兰心 / 185
怀里抱狗的那个人	欧阳慧 / 190
外婆的小巷	李明威 / 195

旅途	张星烨 / 197
电话线	姜　怡 / 200
人约黄昏后	吴闻起 / 203

第九辑　告别昨日

中国的声音	方馨悦 / 208
请为先生开一盏灯	时潇含 / 210
于无声处	席轶群 / 213
在鲁迅故居读鲁迅	李衍霖 / 216
学会告别	郑　茜 / 219
告别	施　韵 / 222
告别是为了新的诗篇	黄胤羽 / 224
告别不善	王　者 / 228

第十辑　叩问灵魂

写给螃蟹先生	董一凡 / 232
汝瓷·宋徽宗	吴　莹 / 235
淡妆浓抹总相宜	董愉靖 / 237
中华经典，我的精神家园	沈怡凡 / 240
向着光明，稳步前行	陆翌沁 / 243

生而为人，微而不卑	张博涵 / 246
最美不过如花的情	苏　畅 / 248
别让雨下进灵魂里	刘　姣 / 251
又见孔乙己	张旖天 / 253

校园里的那个身影	金蒙璐
好久不见	钱　侑
光影	吴忱松
一个人的生活	郭旭峥
你好	赵　葳
沉默是金吗	陈艺尹
风起时，我想起那些年	许方舟

第一辑
校园光影

校园里的那个身影

上海市七宝中学高二
金蒙璐

又是初秋了，一夏的燠热暑气已经过去，残荷的淡香却绕不开车马街道钻进我们的校园。天比往年凉，刚开学我就穿起外套来了。

我抱本书在胸前，校园里游荡一圈，终究只是漫无目的地与萧瑟凉风做伴——我没再找到他。

我走过操场前的主席台、校内马路边的长椅、池塘中的凉亭……甚至自习室、答疑室，往常我们曾一起在这些地方看书。他曾调侃我们像肖申克监狱里的两个自由人，我却觉得我们更像死亡诗社的秘密成员。我当时没想到的是，他这种比喻是有暗示的，他希望故事的结局是越狱成功，我却没注意到基廷老师终究是要走的。

想到这里，一种难言的悲伤突然当头浇下，压得我直不起腰来。为什么我没有早点明白呢？可是当我无助地蹲在教学楼背面的楼梯间——我们的地下集合地点——只感觉到秋声呜咽。我又清醒过来：知道得早晚都是无济于事的。

今天我拿的书是《活着》，一本我们都已反复读过多遍的书。我还记得第一次和他谈论起福贵的故事。我说"大抵因为没有想好怎么死，所以继续活着吧"。他笑说我太消极了，余华想说的可不是这啊。可当我再问时，他却沉默了。他只说让我去读《鼠疫》，我明白加缪说要抗争与直面荒诞，然而从福贵身上却只看到了顺其自然。他没有出口的答案，如今来想，大约是兼顾的迷茫，他不是西西弗斯推石上山不知疲倦，也不是徐福贵一无所有牵牛向西。

他说，文人总是矛盾的，而后自嘲地吐吐舌头，说自己不过是个掉掉书袋子的市井小民罢了。我知道，他总是矛盾的。

比如说当办公室里的老师们都在盯重默和背书时，他正在操场上和体育组的老师踢球；然而当别的班的同学去油印室搬回一摞摞复印的一、二模试卷，我们却做着他自己写的或者精心编排的拓展阅读。

他是真正生活在校园里的人，看到自己的学生会热情地打招呼，接着学生们就把他温和的笑容带到学校的各个角落。他活跃在图书馆、操场、食堂，他几乎不在办公室待。他常常把一叠默写本留在窗台然后消失不见。你有时能在自行车棚看到他，他说每次读《情书》总喜欢来这儿坐一会儿。可我没好意思问出口："你学生时代也在自行车棚等过人吗？"

但他也好像从未融入过这个校园。他与日复一日机械重复的刷题模式格格不入，他与不读经典只背考纲的应试技巧格格不入，他与家长只重分数不计素养的所谓期望格格不入，他也与大多数缺乏互动只会记笔记的沉闷学生格格不入。他开玩笑地跟我说"格格不入"是好状态。我说这很孤独。他说，人生来孤独。我当时很有种冲动去拥抱他，可是我没有。

那天我刚开始读《追忆似水年华》，而他已在看结尾。我又想起藤井树夹在《追忆似水年华》里的那幅画像，心里叹，普鲁斯特这百年来已抚慰过、寄托过多少人无处安放的情愫啊。我至今记得那个黄昏，我们在教学楼顶楼的自习教室，窗口望下去几乎可以看到整个校园。师生们行色匆匆，赶在暮色更深前回到教室、答疑室里去，回到他们的书桌前去。可白炽灯的颜色终究太苍白了。我站在窗边，向远处天的尽头眺望，落日正燃尽它的最后一线光亮。残霞下，我像《挪威的森林》里的渡边在铺满夕阳的餐馆里突然醒悟那般，明白过来：真正在这校园里的，只有我们两人而已，其他人只是不断地走进一层一层的束缚与枷锁，一层一层剥去自己的青春与热爱，追逐着空洞而千篇一律的梦想，用看似充实的努力来欺骗自己。

年华如流水。明明还恍如昨日，却也只能靠"追忆"了。如今，又是一抹残阳了。校园里的人却少了一个。我终于完整地体会到人生孤独所谓何意，但我不会回到那惨白灯下去。我拿着我的书，还像往常无数次那样，踩着脚下长长的影子，走到我的校园里去。

校园里的那个身影，从此只是影，而余响却长留我心间。我将带上他的那一份，再一次重温《活着》，再一次找寻我的答案。

好久不见

上海市晋元高级中学高一

钱 侑

她在树下静静地站着,依然是当年那棵树。

初夏微醺的暖阳被树叶剪得细细碎碎,零星地落在她的身上。一年不见,她剪了短发。她看到我过来,很温柔地笑了,带着三分顽皮,依稀仍是彼时初见的少女。

我们一块儿走着、玩着、聊着、笑着、快乐着,回忆汹涌着。我们走过曾一起走过的林荫小路,我们走过人烟喧闹的商业街道,走过车水马龙的繁忙马路。

终于到了尽头,到了灯火阑珊时,她低着头,站在那棵树下,沉默无语。

又到告别的时候,相似的场景,相似的情景,却再也没了相似的情绪。事不关己的车辆疾驰而过,呼啸着带着一股微凉的风。风声中,我缓缓开了口:

"时间差不多了,我要回去了。"

一年以前,女孩因为家里的原因不能留在上海参加中考,无法向青梅竹马、多年的至交好友告别。那时的男孩实在太不坚强,依依不舍地一把鼻涕一把眼泪。

女孩微笑着,把手背在身后:"时间差不多了,我该走了,我们约好了,明年再见,就在这棵树下。"

男孩哭着答应。

我看着面前的女孩,她把手背在身后,却没有笑,我心中也没有了当年撕心裂肺歇斯底里的不舍情绪，我也没有哭。

就这样平静地转身告别。

一切都不同了。一年的时间，足以改变两个人，足以冲淡当年的情绪和情感，只是从不曾忘记初见时的模样。

那是一种很奇妙的感觉，同为班级里最矮的两个人，男孩第一眼见到女孩就知道，他们一定能玩得很好。没有原因，就是一种莫名其妙的笃定。他贼兮兮地跑到女孩身边，用手比了比自己和女孩的身高。

"我比你高哎。""我比你高！""我比你高才对……"两个人就这样吵了起来。不幸的是，最后体检女孩比男孩高了1厘米，男孩十分光荣地成为班里最矮的人。放学回家，女孩站在路边树旁的台阶上，向男孩招手，男孩灰溜溜地走了过去。

"我比你高哦。"女孩单纯又得意地笑了，仰起头，迎着玫瑰色的绚烂夕阳，风吹起额前细碎的刘海，笑得如女王般骄傲，肆意张扬。

他们成了很好很好的朋友。在漫长的时光中，他们一起学习，一起闯祸，一起成长，他们分享零食，分享快乐，分享悲伤。

大家都揶揄他们两个太要好，天天在一起，揶揄他们两个实在太相似，性格相同，喜好相同，甚至一样的矮。

四年时光，就这样琐琐碎碎地过去了，男孩想着他们两个人成绩不分上下，计划提议考一个高中。女孩笑而不语。

突然有一天，女孩告诉他，她要回老家了，没有办法参与上海的中考。她站在树下，高高的台阶上，如同当年一样，抬头迎着玫瑰色的夕阳，笑得柔和而内敛，夕阳如同一只温柔的手，在她柔顺的头发上抹上了一层绚丽的油彩。男孩长高了，不再仰望她站在台阶上，他觉得有些事情似乎变了，心中有些湿漉漉的情感正慢慢地爬起来。

看到她的父亲来到学校帮她搬走东西，她的座位将永远空着，男孩的心里堵着一团棉花，不是滋味。

直到分别的一刻，静谧的夜晚，平静的语气，依然是那棵树，她却不再站在台阶上。

他泪水决堤，他们终于告别。

后来发生了很多事情。她父亲和母亲闹离婚，她成天闷闷不乐，成绩一降再降，也没有了知心的好友。我一个人孤军奋战夜夜挑灯，最幸运的是，我们都有了好的结局。

时光挫伤了她张扬的个性，收敛了她的锋芒，我强大了自己的内心，镀上了一层坚硬的盔甲。

她不再肆意张扬，我也不再怯懦彷徨，我们都变成了更好的模样。我们重逢且告别，重逢没那么激动人心，告别没那么刻骨铭心。

一切都那么云淡风轻，岁月静好。

告别，是告别了过去的不够成熟的自己；重逢，是重逢了更好更强大的自己。也许多年以后，在林荫小道的尽头，在那棵树下，我们赴约再次聚首，我们会云淡风轻地对对方说："好久不见。"

此生多寒凉，此生越重洋，轻描时光漫长，低唱语焉不详。

光影

上海华东师范大学附中（紫竹校区）高一

吴忱松

初夏的阳光还很柔和，我却觉得碍眼。我站在不远的阳光里，望见你在日光下分明的影子。栀子花已经尽数开放了，你们留恋于这校园里的丝丝回忆，我却逃似的离开了这里。

我不是没有看到你惊喜的目光，不是没有听见你激动的声音，不是没有瞅见你向我奔来的身影，只是心有不安。

你大约是不十分好看的，个子又矮，应当是易被淹没在人群中的，这样本也好。可是你又那么活泼，一举一动都冒着可爱天真。我甚至难以追溯你被欺负的缘由，这是迟钝还是麻木？我分辨不清。

只是看你被推推搡搡的弱小身影。我只是坐在座位上，沉默不语，不知怎么成了旁观的一员。旁观的人也是帮凶吗？

不！我曾是于心不忍的，可听见你一次次地尖叫，将笔盒里的毛毛虫抛出窗外，一次次哀叹地扶着被掀翻的桌椅。

梦醒时分，我梦见你又一次被欺凌后还没心没肺地笑着到我桌前，用你独特的语调叫我的昵称。云淡风轻的，敷衍的，又充耳不闻。

午后，你被恶意的水枪浇湿了衣服，头发也被搔得乱蓬蓬的。你又抬起手臂，无力抵抗纷飞的雨丝，你终是无奈地叹息，哀号一声，却只换来笑话般的一句"疯子"和无尽无休的"讨伐"。我觉得过分了，大喊一声"别玩了"，将你带出阴暗的教室。我让你在太阳下把衣服晒干，我转身离开，回到教室。进门前，我回头去看你。你还在笑，好似享受灿烂阳光，可是为什么？

大约在我们齐声朗诵顾城的诗句时，我们就已走上了不同的道路。

"黑夜给了我黑色的眼睛，我却用它寻找光明。"

不断地有人问我为什么帮她，用荒诞的语气问着。我怎么回答呢？我从何知道答案呢？

后来的日子里，我不时会忆起这段过往，追问自己那一刻的心绪。也许我脑中闪过她眯着眼无忧无虑的笑容，也许耳畔响起她热情的呼唤，也许我掩盖深藏的罪恶，渴望走到阳光里。

夏天那样激烈的热情啊，灼烧着我们每个人。这样的天真烂漫，这样的活力四射，如何不引人嫉妒呢？我们拉上窗帘，堵住阳光射进来的每一条小缝，游走在黑暗的教室里。

多年后，我不经意翻看她的朋友圈。曾经的晦涩的记忆早不见端倪，只留下她依旧单纯的文字。我不知这些事对她算是过眼云烟吗？

这类人总归是快乐的，仿佛被老天爷眷顾。可是，曾在黑暗里的人啊，当年岁已逝，心智成熟，怎么不痛恨自己的所作所为。去向她忏悔吧，可又从何谈起呢？

其实我们都向往光明，我们假装高傲得不可一世，抑或残暴地发泄，沉默地旁观。我们不断尝试掩藏内心深处强烈的卑微感，打扮得光鲜亮丽，才能稍微平息颤抖的灵魂。

我惭愧，也庆幸。那一刻的兴起，自知未带你逃出深渊，还是给了你片刻的光明。可是我仍沉沦黑暗。

时光是一针催化剂，我逐渐明白，你才是众人追逐的光明。

每年的六月，我总是轻嗅栀子花，不必靠近，已觉芬芳。我在花丛边拍照，去弥补那个懦弱的自己。我站在阳光下，却看不见自己的影子。

（指导老师　方　媛）

一个人的生活

北京师范大学附属中学高一
郭旭峥

一

我有时候总是希望能一个人安静闲适地生活。

在我的脑海里，也总有这么一幅悠然恬淡的画面。

我以为，一个人的生活是世上最美好的度假方式。

——一定有不少人也是这么认为的，因为最近总是听到"闭关"这个词。"某某为了巡回演出准备闭关调整。""某某正在闭关创作长篇小说。"他们想让自己有所突破而开始过一个人的生活，他们像是一个国王，可以主宰着自己的小世界，可以勾勒出属于自己的一座城市。

我也想。

二

我想起了我的姥姥，她过着一个人的生活已经很长时间了。

小时候我只要一放假就会被姥姥邀请到她家住上几天，我也当然愿意去。姥姥每次看到我都特别高兴。不太会做饭的她恨不得从我来之前半个月就筹划一桌好菜款待我。

白天的时候，我安静地写作业，姥姥也一声不吭地读书画画，有时还写几首打油诗。她时不时提醒我该休息了，同时让我瞧瞧她的大作。她经常说，只有我在这里的时候，她才能集中精神创作。

然后到了晚上，我们就坐在沙发床上一起玩，玩得最多的是打扑克，要么就是下五子棋。不管玩什么，我们总是欢声笑语的，姥姥还经常笑得前仰后合，直到肚子都疼了。她总是说，只要和我在一起玩，她的腿就不疼了。

我那时觉得，老人真是简单可爱。就像幼儿园单纯的小孩子一样，送她一朵小红花，她就会立刻露出心满意足的天真笑脸。

我上初中以后，就没有再来姥姥家住过了，只是逢年过节或者周末休息时过来看看，往往连鞋也不换，进屋坐几分钟就走了。就这样，姥姥又过了几年一个人的生活。我不知道她还有没有创作，不知道她的腿病好些没有，但我知道她喜欢上了古玩。

姥姥买古玩从不在真真假假上较真，只是在价格贵贱上十分留心，所以别人也会送她一些。她都把这些古玩摆在桌子和架子上，像博物馆里一样，种类也有很多：工艺精湛的木雕，色泽浓郁的青花，锈色装饰的青铜……姥姥每次都会给我们介绍家里又添了什么新玩意儿，跟我说它有多么好看，她是多么喜爱。她几乎把她的情感全部注入进了这些物件，在她的眼睛里，它们是有生命的，就像是她的孩子，她记得它们每一个的故事，她清楚它们每一个的特点。这些小家伙每天叽叽喳喳地吵着，最热闹的便是在墙上挂着的那幅大型的八仙过海图。那些神仙形貌各异，活灵活现，栩栩如生。姥姥说她平时经常看着他们，我想，这样的生活一定是充满情趣的。

三

我也想感受一下这种充满情趣的一个人的生活，所以决定要在时隔多年后再来姥姥家住上一个礼拜，好好享受一番。

我在第一时间告诉姥姥，我要去您家住啦。之后我去看电影，突然收到了姥姥发来的一条短信。那是一条发错的短信，它真正的收件人应该是我的大姨——姥姥想让她和姐姐也一起去，哪怕只是吃顿团圆饭……

漆黑的影院里，手机屏幕淡淡地释放出一片孤独的亮光，仿佛是她心里对团聚的一丝渴望，但是这束光越来越暗，我看着它渐渐模糊，最终变成了连自己也无法被照亮的黢黑。寂静。孑然。

第二天晚上，我来到姥姥家。刚刚下电梯，一转弯便能看见姥姥家的门，是半掩着的，露出一道不小的门缝。我还没走到门前开口叫门，就听见里面的脚步声越来越近，当我喊出"姥姥"时，她已经为我打开了门。我不解地问她，怎么听出来是我来了。姥姥说，她不知道我晚上什么时候来，所以晚饭以后就一直坐立不安，后来还到楼道里等了我一会儿，见我一直不来，楼道里又太阴冷，只好把门打开在家里等，只要一听到电梯铃响，就会走到门口看看是不是我。

我一时间说不上话来，也不知道怎么说好，最后竟挤出了一句："哎呀，您干吗等着我啊？"话音未落，我便自己给出了答案：因为姥姥一直期待着，有人能来陪陪她。

我问姥姥最近还有没有创作。她说她太忙了。我笑道，您这样天天一个人生活，还有什么可忙的呀。姥姥说，她并不喜欢一个人待在家里。她总是去公园和她的朋友们一起唱歌聊天，腿疼的时候她就把朋友请到家里，或者去小区里遛个弯，找邻居说说话。

她滔滔不绝地给我讲述着她和朋友们的故事。可以看得出，讲这些的时候，她是无比快乐和轻松的。

她最近总是习惯把她的房间门关上睡觉。起初，我还以为是她怕她的鼾声吵到我，直到那天早上，我才知道了真正的原因。

她总是比我起得早。我睁开惺忪睡眼的时候，她已经坐在桌子边的椅子上了。她把裤脚卷起，让我看看她膝盖的后面：肿得很厉害，比正常情况下胖了好几圈，通红通红的，像是多长出了一块肉。我担心地问她这是怎么搞的。她虽然叹了口气，但还是说没事，只是最近腿疼得厉害，尤其在晚上，翻来覆去地睡不着觉，实在忍受不了的时候就只好站起来拍腿，最近她经常整夜不睡，特意把房门关上是怕让我听见。

我这时才发觉，其实像小孩子的并不是老人，而是我。就像幼儿园懵懂的小孩子一样，只看到一张温暖的笑脸，却不知笑靥中隐藏的辛酸与孤寂。

我试图环顾四周，拼命寻找这样一个人生活仅存的兴味，可那些曾经看似热闹的摆件却是镂空镌刻的脆弱木雕，暗蓝渲染的落寞青花，锈迹斑驳的沧桑青铜。

姥姥指着那幅八仙过海图说："一个人生活得闷倦难耐时，看着这些各色神仙，就不会觉得寂寞了。"我有些不敢正视这片盛大喧嚣背后那面惨淡的墙，就像生活在一片冰天雪地之中。它们看似晶莹剔透，它们看似粉妆玉砌，它们在太阳的照射下熠熠生辉，实则冰冷单调，寒霜逼人，即使不去触摸，空气里也弥漫着刺骨的寒冷。

我把视线移开，在旁边的架子上看见了一张姥爷的照片。他笑着，嘴唇微张，似乎在说些什么。这个声音一定只有姥姥听得到。

我恍然，一个人的生活真是世上最孤独的度日方式。

四

一个人的生活，到底该是个什么样子？

我渴望拥有自由，却害怕形单影只。

我向往无忧无虑，却恐惧无人陪伴。

一个人的生活，应该像一个跷跷板吧。一边是自由，一边是孤单。我怀着无限憧憬地想象着我可以坐在"自由"这边，把"孤单"一下子抛向天空。可是我错了，我们的力量远没有那样强大。我们最终会被漫长的时间打垮，像坐滑梯般无法抗拒地滑向对面，坠入底端。

——这是一个人的两种生活。

——像是一个人的冰雪王国。

你好

安徽省宿州二中高一 / 赵 葳

没有人真正懂得过她，
真正进入她的世界。

Part One

婷子是个礼貌的女孩，街坊邻居们都这样认为。因为每天，婷子都会穿着整洁的校服，对周围的人道一声："你好！"

婷子个子小小的，忽闪的大眼睛，细细的声音，像个布偶，也像个不谙世事的小不点，永远长不大。

婷子的爸酗酒，每天都会喝得烂醉，然后东倒西歪地回到家里，对着婷子说那些已经重复了一百遍的话："我想去找你妈，你妈在那边该很孤单吧，我去给她做东坡肉，她爱吃呀！""你不该被生下来，应该是你妈活着才对，你就是个孽种……"婷子的爸也经常打婷子，也许是因为喝多没有意识了，他会用那双布满血丝的眼睛瞪着婷子，仿佛那是仇人，而不是自己的孩子，然后一巴掌一巴掌地打在她身上，婷子从不喊疼，也从不哭。

婷子喜欢除了家以外的任何地方，她可以因一棵树驻足，为一丛花倾倒。她更喜欢学校，同学们简单而纯粹的眼神和微笑，让她满足，虽然她自始至终也没有一个人们口中所谓的知己、挚友。但她仍旧满足，因为在这里，她感受到，她被人关心着，被人爱着。

婷子默默无闻地回报着这所谓的爱。她总是最早到学校，静静地在夜幕笼罩中打扫着卫生，然后拍拍身上的灰尘，对早到的同学欢快地说声"你好"，在同学们点头抑或用"你好"回应后，婷子突然觉得，生活也可以很美好。

一切美好的事物都是易逝的，婷子相信极了这句话，她害怕回到那个家，那个凄清又冷漠的家。婷子也不喜欢别人用同情或怜惜的眼光看她，她说那种滋味像浑身扎了刺，酸痛酸痛的。于是，她从不告诉别人她家里的事。小小的她早已学会了掩饰，将内心深处无边的伤痛用欢笑掩盖起来，强迫自己去笑，大声地笑，告诉人们，她是快乐的孩子。

婷子欣然享受着那些用她的劳动和努力换来的微笑和肯定，她慢慢依赖上了这种感觉，这种被融融暖意包裹的感觉，她没有考虑过会不会在某个不知名的时刻失去这些，她也从不敢想。她怕想了，就会成真。

Part Two

办公室里，白炽灯的强光亮得刺眼。

"明天叫你家长来一趟吧，×主任要见见他，这还是我第一次处理作弊，你说你怎么能这样呢？成绩差没关系，你说你是给班里丢了多大的脸啊！"

"那，我的卷子作零分吗？"

"哦，九门功课全都是零分，加上总分，一共十个零蛋，够你抱回家吃上两星期了。明早大会通报批评，本学期综合测评D档，可能还会有一个警告处分，回去再写份检讨吧！"

半晌……

"哦。"婷子应着，有气无力地拖着麻木的身子，用那点残存的意识支撑着向门口挪去。

"检讨别忘了写！"班主任大声地提醒着，然后若无其事地继续忙着手边的事情。

他是故意的，婷子这样想，他故意要让全办公室的人都知道，她作弊了。

步伐艰难，踏出门的那一刻，水光倾泻，摆脱了白炽灯的炙烤，婷子觉得很舒畅，只是心里堵得慌。她不自觉地开始跑，奔跑、狂奔，然后，安静地蹲下，安静地哭，没有号啕大哭，但足以惊天动地。她默默地念叨着："我要离开这儿，我想回家，我要离开这儿，我想回……"那是婷子第一次说想要回家，也是婷子第一次在学校里哭，她突然觉得，这地方比家还要可怕。

早，8：00，旗下

婷子镇静地站着，紧紧地攥着拳头，攥着拳头听完同学的演讲，然后等待那场暴风雨。说实话她是心存侥幸的，她想班主任只是吓唬她玩的，这事并不会向全校公开，因为那个漂亮的监考阿姨说没有上报，只是告诉了班主任。她也做了最坏的预想，她在脑海里反反复复地排演了将要发生的那一幕场景，她相信自己可以勇敢地接受！但当她的名字真的被教务主任用麦克风通过全校各处大喇叭喊出时，一切都失控了。婷子觉得天都要塌了，原先的那份镇静缓缓地抑或是瞬间变了质，变成了绝望。

淹没在同学们的议论声中，婷子也不知道自己是怎样回去的。

有些事情，即使不愿去想，它该发生也还是会发生。

婷子依旧每天来得最早，依旧对早到的同学微笑，然后道声"你好"。只是，她开始变得一厢情愿起来，她努力使自己不相信，但现实终究是残酷的。作了一次弊后被全校通报批评的婷子，被疏远了。

人们不再用微笑和"你好"来回应婷子的招呼，取而代之的是从鼻子中哼出来的鄙夷。

婷子尴尬地笑着，她假装不在意，同学的白眼，话里有话，冷嘲热讽，甚至过激行为。她告诉自己，不要在意，一切都会过去。

只是，真的很快就会云淡风轻吗？婷子不懂，人们往往宁肯揪住你某个不经意所犯下的错误不放，也不会花时间去记你对他们的好。

作文课上，主题是：谈谈身边为自己所不齿的事情。

摆钟嘀嗒，钢笔沙沙，同学们都为自己心中所不齿的事情奋笔疾书……

剩余的二十分钟，都是点名诵读的时间。婷子突然有一种莫名的紧张感，那感觉说不清楚，隐隐约约的。

"某甲，读一下你的文章吧！"

"嗯，好，我的作文题目是《丑陋的欺骗》。"

……

"我讨厌欺骗，而作弊就是一种欺骗。这种行为不仅对同学们不公平，更对不起老师每天的辛勤教诲，我们要坚决杜绝类似事情的发生。"

……

婷子的头深深埋了下去，她不想让人看见她满脸通红的样子。

"嗯，很好，坐下吧。下一位。"

"我的题目是《并不美丽的谎言》。"

……

"要给这种不诚实的同学以严肃的处理，他们败坏班风，败坏校风，不配做个学生……"

同学们说得义愤填膺，婷子的头埋得更低了，浑身战栗。她不知道怎么了，她突然好想哭，可是又怎么都哭不出来，她用指头卷着衣角，紧紧咬住嘴唇，即使出血了也浑然不觉。她觉得她这么长时间来小心翼翼维系的这段同学之间的所谓友情顷刻间土崩瓦解了。

在集体声讨中，婷子缓缓地站了起来，脸上的红霞渐渐消散，染上了一抹吓人的苍白。在满屋的错愕中，她朝着门口走去，脚步轻轻的，不带一丝声响。她没有头也不回地离开，走出门的那一刻，她回头望了一眼，满含着眷恋却又充满绝望，眸子里的那束光惊愕了班里的所有人。

"她要干吗，怎么这样的表情？"某甲捂着胸口。

"不会要自杀吧？"某乙。

"无所谓……"某丙。

Part Three

掩饰带给了婷子快乐，也让她学会了坚强。

她没有想过自杀，即使在最伤心、最绝望时也没有。她离开，只是想静一静，一个人，静一静。

婷子漫无目的地走着，毫无意识地走着。

昏黄却坚定的灯光下，婷子拿起了笔，她第一次想要用笔记录下心情。沙沙沙，方块字一行行整齐地码着，婷子觉得她好像是在同谁诉说一般。

"砰！"门被撞开了，依然是踢踢踏踏的换鞋声，婷子早已习惯了。

"婷子，你，你给我滚出来，给我倒水，快，快……我要洗脚！"

半响……

"大胆了你是，快，快给老子滚出来。我说了，我要洗……洗脚！"

"你出不出来？不出来是不是？那别怪老子不客气！"

"砰！"又一声巨响，婷子的门开了，婷子爸醉醺醺地冲进来，揪着她的头发把她拖到地上。在那之前，婷子藏起了那一张写满心情的纸。

巴掌像无情的雨点打在婷子的脸上、身上。她不想喊疼，她已经习惯了，习惯了这种生活，痛苦的生活。只是，这段时间，她经历了太多。她的心理防线已经崩溃，她不愿意再这样被打，她的内心激烈地争斗着。有一团火，一团熊熊燃烧的火将要迸发出来。啪的一声脆响，婷子拍开了那双挥舞着的手，嚯地站了起来。她瞪着那双眼，猩红猩红的，毫不畏惧地盯着那个她唤作爸爸的男人，口中是极其颤抖而又绝望的语调：

"你凭什么，你有什么资格！你以为你是谁？我是孽种，对，我是！那为什么还要把我生下来？难产，是我的原因吗？你以为蹩脚的接生婆会比医院技术高明？这一切不都是你做的，这一切都是你造成的，你！"

婷子声嘶力竭地咆哮着，这是第一次，婷子第一次在家里真真实实地爆发了，婷子忽略了父亲的惊愕，继续歇斯底里着。

"每天耀武扬威地进进出出，满脸散发着酒气的恶臭，你十全十美吗？每天对我吆五喝六，我为什么该听你的，你尽到过一个做父亲的责任吗？我受够了，完完全全地受够了，我要离开你，彻底地从你身边离开！"

高潮过后，是悚人的寂静。

在尖锐的指责中早已酒醒的婷子爸继续用烟麻痹着自己，两个人都静静地坐着。

"借我两百块吧！"礼貌而生疏。

没有回应。

"给我两百块！"毋庸置疑的肯定句。

"要干吗？"婷子爸微微抬了下眼，从裤兜里抽出两张票子，"书费？"

"和你没有关系！"

Part Four

一个"平静"的夜晚，一个暴风雨后恢复平静的夜晚。

清晨，婷子的门扭曲地镶在门框里，大开着，里面整整齐齐，干干净净抑或是空空荡荡……

一张白色的信格纸掉落在地上，婷子走得很匆忙。一双黝黑的男人的手，捡起了它：

> 这个世界好像与我无关，所有人都在开心地笑，即使我离开。
> 面容僵硬，冷漠；眼神，额，没有神，只有一对深深凹陷的泪也流尽的眼眶。周围的一切一切，完完全全地将这样一个绝望的我扔了出来，又在我痛苦挣扎想起身的时刻用现实将我压住。我被困住了，

思想禁锢了,我永无出头之日。嘲笑,唾弃,不屑一顾像肮脏的痰一般一口口吐在我身上各处,像盐般灼伤我本已伤痕累累的身体。还有眼神,那蔑视的一道道光,把我最后那点自尊挫伤,我痛苦地弯腰,蹲下,全身痉挛,一点点缩小,缩小,痛苦延续……

我怎样再站起来,我一无是处,我什么都没有,我萎靡不振了吧,就这样倒下,永远都不能再站起来了吧!

我想要什么,我想我没有资格了。

我想要一点点微笑,一点点信任的眼光,一点点安慰的话语和一点点耐心,可以看着我静静地哭。

……

婷子爸捧着那张纸,久久地驻足,混浊的泪水在脸上肆意横流,他从未想过她会这样痛苦,这样地痛入骨髓。他也许,真的错了吧!

车窗外的风景,稍纵即逝,列车上,婷子依旧小小的,依旧是孤单的,依旧对每一个经过的人微笑着道一声"你好",只是南下汹涌的人潮中,新城市陌生的环境中,迎接她的,将会是怎样一个开始?

沉默是金吗

上海市市西中学高一

陈艺尹

我要搬家了。

三十来平方米不装空调的石库门房子，经历无数个夏天之后已不能住人。离开前理东西——高三那年的笔记里，飘出来一张纸。严格来说，它只是一张便签，上书"沉默是金"——特别的是，它是梅老板的"真迹"。

上一次提到梅老板，是在毕业的第五年。班里最油滑调皮的光头胖小子出了国，回来看老师。一身校服换作笔挺的西装，倒是有几分"衣锦还乡"的味道。六月的初夏是毕业季，老同学总得在群里唏嘘一阵。学校建了新校区，那会儿的班头、老师，除了退休的，大都迁进了崭新的教学楼。唯独梅老板，小胖子说他"头发愈少愈白，牵着近视的他的丑丫头"，仍然待在老校园里——"住器材室，啃数学题"。

梅老板并非什么老板，仅是我在校时的体育器材室"老师"。这活儿谁都能干，之所以称"老板"，一是因为他脾气暴躁，性格极不受欢迎，颇有几分老板的架势，算作调侃；二是自个儿想的，那时候流行的词儿是"山西煤老板"，或因了谐音有几分关联。

关于这位梅老板，有许多故事可聊。口口相传，最为人熟知的版本是，那先生原来是我校数学竞赛的指导老师，有几分名气，教区里的竞赛那是当时许多老师虎视眈眈的活儿。他脾气差，虽妙语连珠，但也动辄发火爆粗。后来被同学举报，说他"拿教棒打人"。兴许是数学男老师大多暴躁，兴许是"莫须有"，或是什么别的原因，他被停了职。但梅老板是个好老师，这谁都不能否认。我们老校长将他送去器材室，也好歹保下这个人才。

还有许多荒诞的、离奇的甚至不堪入目的版本，便也不提了。坏在当代同学《熔炉》看得不少，孰真孰假心中自有定论，个个怀揣着天马行空的联想，于是一千个人心中，便有了一千个梅老板。可从未听过当事人说些什么辩护，我总不能理解。但我不理解的，别人未必想不通。

初次真正与梅老板交流，是在入校第一学期末。初夏之时，天气热了。我们班参加跳长绳比赛，派我去借绳子。推开铁门之后，眼瞧梅老板伏案疾书，案头贴了张淡粉色的"沉默是金"。我怯生生叫了他说明来意。但他一句"有带学生证吗？没有不借"，便用声音把我赶出了门外。正扫兴而归，顺手带上门，却又被叫住了。

"算了算了，在这儿，你拿去吧。"

梅老板大概是个口是心非的好人。我想。

那年夏天，我被选进了校数学竞赛队。实际上称不上擅长，不过是遇着几道会做的题，真正原因，是当时年级里几个小帅哥都去了那里——那时对小帅哥的喜欢，远超过了寻求知识的欲望。我一个文科生，最大的收获是听了几节梅老板的课。他的课是十分不错，训得一群往日大大咧咧的好学生正襟危坐。梅老板不仅题目、段子讲得好，训起人来亦是行云流水、滴水不漏，"起立""往后走""滚出去"，一气呵成。一个个天之骄子几天下来，都成了疾风骤雨里的破纱窗，摇摇欲坠，幸而梅老板对女生大都宽容些，我也战战兢兢但临危不惧逃过数劫。又过了几天，梅老板突然悄无声息地离开了，也未曾留下暗示或告别。

这么久以来，甚是怀念。

我就这般混日子，吃吃喝喝刷刷题。竞赛班里渐渐有得了市级奖被保送的，有得了国家级奖被保送的，可奇迹未曾发生在我身上。高考被轻描淡写地掠过，七八年前那会儿如临大战的紧张刺激，此话也不多说了。

毕业典礼那天，优秀学生代表戴着厚厚的啤酒瓶底儿，用此生最油腻、最动情也最不舍的做作语调发言。台下则更是一片集体夸张的现场。哭声、哀嚎不绝于耳,眼泪鼻涕一抓一把,我正呆怔着想心事,旁边梨花带雨的小女生忽地瞟了我一眼——兴许是个提示,示意我该哭了,不能格格不入。我接收到了她的信号,忙双手捂了眼睛,从指缝往外瞅——于是在黑暗里瞅着了梅老板。

他用一种悲悯又冷漠的眼神环视众人,而后转身离去,走向更黑暗的走廊。没有人知道他要去哪里。

也怪不得当时的我们。

我们甚至不知道自己将去哪里。

窗外有初夏这盛大美好的天光。蝉鸣、微风、日影、摇叶。忽地风大了,瘦手一触树枝,便搅和松涛万壑的声音来,融进一份曼妙的好颜色。

不知谁从校外偷来了啤酒,刚成年的小家伙们叫嚣着"不醉不归"。世界在狂欢,而我不断下沉。

恍然初醒。

我追了出去。

梅老板很好找,他没走太远,总是在回器材室的路上。我追上他,合影的要求被拒绝之后,索要了那张便签——

"沉默是金"。

我实是有许多——甚至可以说满腹的好奇与疑问,诸如为什么不告而别,当年事情的真相,"沉默是金"于他的意义。

可终究没有问。

多年后的今年,我又在一个初夏。

面对这张纸。

心里有些愤懑,有些不甘,有些幼稚而不可说的可怜。说来好笑,我从未了解过事情的全貌,却坚信梅老板决不会"动手"。我甚至抑制不住"哀其不幸,怒其不争"地自我思索。我觉得我始终没想明白。

可我想不明白的，别人未必想不通。

天光正好，"沉默是金"，我于心口默念。

于是那便签，随许许多多从未公之于众的往事，滑稽可笑的，悲伤失落的，它们一起留在这栋房子里。

我对他的情感太过矛盾复杂，欲说还休。

（指导老师　陈学政）

风起时,我想起那些年

浙江省湖州中学高一
许方舟

一

昨天也不知怎么回事,脑袋一抽筋就突然想到要回初中看看,回味一下那些年所经历的。于是当机立断给沈小神打了个电话。我还没报完时间地点以及将要发生的事件,就听见电话那边丢来两个有气无力的字:不去。

我二话没说就把电话挂了,闭上眼倒在床上——一张张熟悉的少年的面容回环往复着,组成那似水流年浮现在我眼前。尖厉的风啸声从窗户缝里挤了进来,在我耳边盘旋。

过了5秒钟,我被开始大吼大叫的手机从神游中拉了回来:

"喂?你刚刚说几点钟来着?"

二

初中还没放假,原来几个教我们的老师现都在教初二或是初三。这种定性因素导致我和沈小神在校园里溜达了一圈发现无处可去,只好到体育办公室借了个球去篮球场上表达对母校的热爱和敬意。然而不到半小时,我们就不再蹦蹦跳跳,只是抱着篮球傻呆呆地躺在塑胶场地上,睁大眼睛看着天空。

四周空空荡荡,一片偌大的篮球场就只有我和沈小神两个人。整个校园静谧得让你根本就难以想象这里头竟然还装着一千多人。轻如发断的细小之声在这一刻都被无限地放大,远处传来的一声微不可闻的鸟啼就像万雷压境般隆隆地回响在天际。

  风往往就是在这个时候悄无声息地刮起的。

  一开始带来的只是稀疏的树叶簌簌;渐渐地,它扩大声势,卷起地上的碎石砂砾;到后来终于演变为猛烈撞击着天地的真正大风——篮球架在颤抖,升旗台上的国旗在猎猎作响,从四面八方席卷而来的强烈气流把无处可逃的我拉进那些年的回忆旋涡之中……

  似乎也是在这样一个阴天午后的风中,我们在篮球场上奔跑争夺,旁边还有一群比我们还激动的女生史无前例地扯着嗓子尖叫着喊加油。跃动的青春挥洒在随着脚步的起落不断滴下的汗水中,默契地配合诠释着同窗坚如磐石的友谊以及对集体的无比热爱。当哨声响起,疲累不堪的我们击掌欢呼。我仿佛又看见走上领奖台的那一瞬,挤在那群少年中的自己傻里傻气却真真切切的笑脸,伴随着无所顾忌的随风散落的笑声,本该随着岁月流逝而逐渐模糊的面容在此刻却越发清晰……

  记得一年冬天,有一回在学校里,空中飘起了鹅毛大雪。于是在课间,以班级为指导小组,我们开展了轰轰烈烈的代号为"雪球突击"的大型联合军事演习活动。一旦我方阵营有人员遭到攻击,其余队员必将赶赴前线进行武装支援。在那冬日的刺入肌骨的寒风中,不计其数的承载着少年们单纯梦想的雪球闪耀着光芒在空中穿梭不息,划出的一道道美妙弧线,沿着我脑海中弯弯曲曲的记忆之路一直延伸到今天……

  那些年里,还有一天,大概是中考一模后的中午,我们几个同学到小店里买了一堆零食,摊在食堂旁的小亭子里边吃边聊。本来说好了此举之必达目标是只谈玩乐不谈学习,结果到最后不知怎么变成了校对考试答案大会。我记得那天风很大,大得甚至让人微微有些寒意;但我们相互讨论的情景却是那么温暖,那么亲密无间,让你觉得仿佛有大家在,一切烦恼愁绪便可以在顷刻间烟消云散;一切三年中你所念念不忘不知所措的事情便都有了着落;你所要做的,只是用心感受着这一刻,任风起风落，风去风来……

三

我是被沈小神揪着脸给疼醒的。

"——你这人怎么回事？"沈小神总算松了手，"怎么就突然睡着了，还睡得那么死。"

我站起身，揉着还发痛的脸颊和他一起慢慢地绕着操场走向教学楼。

又起风了。

"你还记得吗？"沈小神停住脚步指着操场边缘的草地，"初中那些年，每次举行放风筝大赛，我们好像都在这里放。有一次你还把风筝线缠到树枝上弄不下来了，要死要活的结果还是把线拉断了，然后我们一帮人一起追那只风筝，在风中跑啊跑……"

我抬起头，那些年里所发生过的一幕幕如一张巨幅画布在我们面前展开，今天的我们立在这风起的时空里，细细撷取着关于那些年飘落在风中的美好记忆，努力追寻着记录着那些年的蛛丝马迹，微笑地想着那些年所赠予我们的无可替代的温暖，感叹着时光惊人相似的轮回……

——是的，我要向这起风的日子深深致谢，因为，是它让我想起了那些人，那些事，那些年……

我回过神来——耳旁，沈小神在哼Soda Green的《无与伦比的美丽》：

  天上风筝在天上飞
  地上人儿在地上追
  我若担心我不能飞
  我有你的草原

（指导老师　蒋月艳）

与这个世界道别	董文婕
消失在天际的孔明灯	陈奕陶
留在心底的风景	沈晨瑶
摆小摊子的老人	葛 鸽
初夏的回忆	马钰婷
初夏的感慨	曹居一
柿子树	张栎婧

第二辑
那年初夏

与这个世界道别

上海市育才中学高一

董文婕

"过来,叫兰奶奶。"外婆拽着我的手把我拉到她跟前,"小时候还抱过你呢,不知道你还记不记得她。"

我知道她,或者说,这个小镇上几乎没有人不知道。在这儿还只能被称为个村子的时候,她的父母生下了她,并取两个人的姓氏作为她的名字,叫归兰。她长大了,读书懂事后执意要改名,叫归斓。父母劝说无果后,归家有个叛逆不孝的女儿这件事很快人尽皆知,她却不为所动。

人们的评论是从她发表文章的那份报纸被刚刚普及的物流车送进镇子时改变的,作者姓名那一栏明明白白地写着归斓。那时,能发表文章是一件多么有出息的事,赞美与褒扬接踵而至。她的父母都是没什么文化的农民,于是大家都劝她父母想开点,没准孩子是觉得这个名字寓意好,有前途,就当她闹小孩子脾气吧。而她依然是那副宠辱不惊的模样。我想,兴许这是她自己一种独有的告别方式,告别家境给予的桎梏。不囿于人们的刻板印象,便觉得她是个很有趣的女子。

我回过神,点点头,笑笑说我还记得;她也笑了笑,一边摸摸我的头,一边按着我的肩膀用力摇了一下,好像在检查我有没有太过瘦弱一般。"几年没见都长这么大了呀……好,真好。"接着她又抓着我的手问这问那,弄得我有些无所适从,毕竟虽听说已久,但她也只是个与我只有几面之缘的婆婆而已。后来她趁我外婆给她泡茶时把我拉到一边,像是交代一件无比重要的大事,小声地与我说:"有空多陪陪你外婆,别等到她像我这把年纪了再想着弥补，那就晚了。"她的话有些奇怪，接着又说了些祝我平安喜乐之类的话，最后又塞给我一袋玉米和一个红包。我这才注意到门边倚着一根扁担，两个箩筐里装满了玉米，我忙把红包放回她的筐里。她刚要拦着我的时候外婆走了过来，从不收人红包的她点了点头，眨了下眼睛示意我收好。我虽还疑惑着，却还是收下了红包和玉米。

她甚至没说声再见，摆了摆手让我们不要送她就离开了。她扛着扁担，一步一步慢慢走着，穿行在和人一样高的玉米田间的小路上，她的背影很快淹没在夕阳倾洒的玉米地里。

我还没开口问，外婆就说："这应该是你最后一次见到她了。我下一次去找她，也许就是在她的葬礼上了。"

"她……"我愣了一下。

"癌症晚期了，胃癌，已经拖了三年多了。这次，估计是撑不过去了，她自己应该也知道。"

我惊讶于这悲伤的情节："那她这次……是来告别的？怎么连再见也不跟你说一声？"

外婆接过我手里那袋玉米："真正的离开，哪有正式的告别，都是悄无声息的。"她递了一个给我，"兰妈妈的玉米是我们这最甜最糯的，这是她种的最后一季了吧。"

我拿在手里望着她离开的方向，有震撼，有悲怆，有感叹。

后来与几个相熟的伙伴聊天时得知他们都收到了一袋玉米和一个红包。我想，这也许是她另一种形式，为自己饯行，同时力所能及地帮助我们。

几周后又听人们说起她，说她前段时间依然与平常一样，摘玉米，送玉米，晚上去水井边洗衣服，与经过的人笑着打招呼。据说她与她子女们的关系很好，而且他们个个学有所成，特意从国外回来轮流照顾她，她却婉拒，仍然像之前一样，过着平常的生活。

外婆说她最后一次出门有整整两天，她和子女带着她老伴留下的一颗琥珀去拜访了她已经多年未见的朋友，她没有告诉他们她的近况，只是去叙旧，带着一袋玉米。

再一次等到假期回到小镇，她已经被埋在了玉米地边，小屋门口的树下。一个与我从小一起长大的伙伴神秘兮兮地和我说，他在她的家人为其收拾遗物准备拿去火化时看见了那颗琥珀，里面一只乍一看是黑色的甲虫，从不同角度看过去会有斑斓的色彩，我讶然。

一个普通的清晨，我看报纸时看到一篇作者名叫归斓的文章，最后一段这样写道：

  与这个世界道别，只需要平凡的日子。
  与你们道别，也并不需要什么勇气。
  我去的地方，什么也不用带。
  而与我告别的你们，要带着爱与勇气，继续平凡地生活下去。

消失在天际的孔明灯

上海市晋元高级中学高二 陈奕陶

夏季摇着那把折扇悄然而至，烈日高挂天空，毫不吝啬它的热情。紫藤花开了满架，颤颤巍巍地将纤细的绿枝伸进铜锈的窗格。花香溢了满室，孩童跟着老人牙牙学语的声音仿佛就在耳边回荡着。

记忆里他总是笑着的，将眼角与额上的细纹连同他的欢愉展示给每一个经过他的人，他的手掌是宽厚的，粗糙的，然而每当这双手落在我的头顶，它所传来的便只剩下无尽的温柔。爷爷是极疼爱我的，我知道。他的爱像盛夏的太阳，一刻不停地绽放、绽放。

那个夏季的夜晚永远在我脑海里回放。我们爷孙俩来到市中心的广场，参加一场孔明灯的聚会。密密麻麻的人群齐聚在圆形的广场中央，手中捧着各式各样的孔明灯，欢闹着，谈笑着。那天夜晚吹起了微微的夏风，拂过路边的梧桐树，带起一阵阵夏季的味道，它混着泥土味和花果香，亦有快乐的气息。月亮展露出玉般的大半张面目，在夜空中化作太阳的使者照亮众生。

爷爷紧抓着我的手，缓慢地带我穿越人群，来到宽敞的广场一角，他的眉角里总是带着笑，一双明目像极了初二的月。

"孔明灯！"第一次放孔明灯！年幼的我围着爷爷兴奋地转圈，拉着爷爷的手一阵晃。爷爷笑得更加灿烂，领着我将孔明灯打开折好，蹲下身子和我一同托起那盏橘红色的孔明灯。"等一下大家一起倒数，然后我们就放开手让孔明灯升空喽。"爷爷脸上的笑纹越发深刻了，仿佛看着我的笑颜，便是他莫大的享受。

"三、二、一！"全场的人共同喊出了颇有声势的倒数声，紧接着千百盏孔明灯便被托举着，一齐飘向天穹。我看到每个人的脸上都映着暖橙色的光，那光自灯纸中照映出，伴着蜡烛的跳动而闪动着，好似一个个鲜活而美丽的生命。我转过头，看向对面的那个老人。他的身材算不上高大，但在我的世界里，他便是守护神般地存在，他的头脑称不上灵活睿智，但在我心中却是永远的老师。

孔明灯缓慢地飞升，整个世界的节奏仿佛慢了下来。广阔的、漆黑的天幕中，此时有无数个精灵熙熙攘攘地远离，像是万家灯火齐亮，像是停泊在夜晚平静大海上的舰队。上面承载着千万个孩子、老人、青年们的梦，化作地球带给太空的礼物，寄托着人们的心愿。人们仰头望着自己的光点，眼中带笑。

慢慢地，孔明灯群一个接一个地消失在天层里，直至我们的孔明灯也同样要消失不见了。爷爷反握住我的手，伸出食指指向那颗如星辰般闪烁飘忽的孔明灯："美好终究会逝去，它们燃烧自己，照亮夜空，更照亮我们的心，却最终会融进黑夜消失不见。有的人会伤感，会气馁，会愤恨自然无情，但希望你那纯真的心记住：'无法挽回的失去，我们能做的只有在它存在之时好好珍惜，在它将离去时好好道声再见。'"

我睁着眼睛，视线追逐着那盏属于我们的孔明灯，心中似有风吹起了，荡起圈圈涟漪。我伸出手向着夜空，喃喃地道出一声"再见"……

时隔多年，如今我早已和爷爷阴阳两隔，我固然私心将爷爷永远留在我的生活里，但也明白，爷爷教会我的，是一声由衷的"再见"。但我们真的能再见吗？不是的，我会连同那盏消失在天际中的孔明灯，将爷爷永远地珍藏在我的心海。

留在心底的风景

浙江省杭州市余杭高级中学高一 沈晨瑶

舅舅沉默地坐在枣树下抽着烟，呛人的劣质烟味萦绕在空气中，熏得老树也禁不住要落泪。那双夹着香烟的嶙峋的大手，关节突出，指腹瘦削，好似枣树那长满了骨刺疙瘩的枝。眼看着表哥就要结婚了，买新房的钱还没着落，还有装修费、彩礼费……如何是好呢？舅舅仍是心疼：人家结婚都有新车，可是……他狠狠地吸了口烟，可吐出来的烟雾依然是剪不断，理还乱。

老树就长在河边，没人知道它是什么时候长出来的，在外婆出生的时候，它便已经孤独地立在那了。大概是土质欠佳吧，多少年了，老树边上的草棚变作平屋又换成了洋房，它仍只有碗口般粗细，瘦骨嶙峋的，盘曲蜿蜒的枝干刻满了饱经风霜的皱纹。冬天的时候，叶子全褪去了，光秃秃的枝条不羁地直冲天穹，潋滟的水光映着参差不齐的树干，像血管中复杂的神经元，饱含着一种不为人知的神秘与沧桑。

小的时候，外婆总一边蹲在河边洗枣，一边唱着无名的歌谣："扯扯倒倒，扯到外婆家老枣树，外婆给两个干枣枣，回去哄的吃去吧……"年幼的我坐在枣树盘虬卧龙的老根上，小心地拾起跌在地上的枣子，郑重地递给外婆，又急切地接过外婆手里洗好的枣子塞进嘴里，只记着吃。外婆慈爱地看着我，帮我揩去嘴角溢出的甜汁，一脸满足的笑。不时地还有几个熟透了的干枣，"扑通"一声落进河里，又缓缓地浮起来，渐漂渐远……

外公很早就不在了，是年纪轻轻就守寡的外婆一手把三个儿女抚养成人。在那个温饱无依的年代，这对于一个目不识丁的妇人，是怎样的坚毅与孤勇。一年一年，她顶着灼日在田垄间挥汗，农闲时又东奔西赶地打些短工，才勉强将这个重创的家庭再度撑了起来。好不容易挨到儿女成才，来不及歇一口气的外婆，又尽心尽力地揽起了照顾年幼的表哥和我的生活。

　　三月总算是到了，然而料峭的冷雨雹子似的砸下来，这来不及消退的刻骨的冬寒将早发的苗儿都生生地打了回去。春天不知潜在哪一处角落里。

　　老树伸展着繁密纠结的根须，穿透一块块坚硬的磐石，把根扎向地底深处，汲取着被困顿在土层里的少得可怜的养分。渐渐地，有一股沉寂已久的力量慢慢复苏，它从老树根处攀上，在每一缕脉络间蔓延、酝酿。它极力挣破厚重的树皮，凝成一个小小的浸透了血泪的芽；随着这一角光明被掀起，生命的张力最终不可阻挡地喷涌而出，在这个姗姗来迟的春天，猝不及防地灼惊了我的眼。

　　外婆家有一台老电视机，早已罢工了，但在很多年以前，却是村里唯一的一台稀罕货。那时每天晚上，老老少少蜂拥而来；电视里的人念念叨叨，屏幕下的人嘈嘈切切。

　　然而妈妈却从不驻足。每一个月凉如水的夜晚，还是学生的妈妈坐在冷清的小房间里，挑灯夜读。隔壁的喧闹声，肆意猖狂地挑逗着每一根欲望的神经，使人情不自禁地心神向往，妈妈却仍咬咬牙永不懈怠地克制住了。妈妈说，她一抬头便看见那棵老枣树的身影，浮躁的心便顿时澄净了，又有了坚持下去的力量。就这样，清风寒月灯不眠，那一棵茕茕孑立的老枣树，那一剪在窗前勤学的身影，在每个风寒露重的深夜，相濡以沫。我想，那一棵老树，每晚望着从小小窗口露出的那星昏黄而不灭的灯光，也定是会感动的吧。

　　春夏之交，葱翠的叶间开始碎碎密密地迸出一些缃色的小花。它绝不倾国倾城，却极努力地开着，一团团一圈圈一簇簇，尽情忘情倾情地绽放出生命之花。满天星一般的璀璨，明皎皎的似要把阳光也打败。看似细弱无力的花枝，却有着铮铮的铁骨；春天在每一瓣花蕊里暗涌，生机在明媚的花簇间喷薄欲出。热烈的花瀑从丫杈一直倾泻到树梢，似有一种蛊心的魔力，隐约着有氤氲的雾气洇开去。每一个走过它身边的人，就再也忘不了这铭心刻骨的颜色。

那年夏天，妈妈收到了梦寐以求的中专录取通知，一跃龙门成了村子里的金凤凰。离家之前，妈妈倚在亭亭苍苍的老树旁，紧攥着来之不易的通知书，抚摸着方正的烫金大字，抚摸着枣树粗糙皲裂的树干，只是默默又脉脉，正如之前那一个个寒窗苦读的夜晚。枣树不禁莞尔，每一朵花都在温柔地颤动。

秋夏交节，便有密匝匝的枣子高高低低缀满枝头，瘦骨嶙峋的老枝在重负下更显佝偻。禁不住诧异这干枯的瘦枝在历尽摧残后竟能结出这样圆润而饱满的果子，像是老蚌用生命孕育出的珍珠，每一面都映出岁月朦胧的光华。

表哥站在河边，舞着竹篙，打下刚熟的枣子。枣子这时候还是青绿色的，隐约带着几块红斑，像婴儿脸上浅浅的胎记，纪念着十月怀胎的不易；光滑的果皮上嵌着几道淡褶，若绯颊上甜甜的梨涡，带着沁人心脾的笑。吃起来，却别样的甜，嚼来有岁月的馨香隐隐地沁出，似是陈年的酒，甜中带涩，醇香直萦舌畔。

极青极青的颜色，极盛极盛的年华，恰如表哥的眉宇，褪去了稚气，喷薄着朝气，收敛了锐气，历练了英气。名牌大学毕业的他，却被凝重的现实打碎了海阔天高的梦；在公司做了一年的小齿轮，微薄的薪酬与加班的辛劳反复锤炼着他初生牛犊的性子；现实的无奈压不灭星星燃烧的希望之火，昔日的梦想仍在前方熠熠生辉，穿过一个个不知疲倦加班加点的深夜，坚信理想的他最终成为初露头角的设计师……表哥细细地嚼着青枣，似乎尝到了甜蜜的未来。

几个月后，外婆家的院子里张灯结彩，一派吉庆，红色的喜字贴满了窗扉，盈盈的喜气自一墙一柱中绽开。表哥穿着笔挺的西装，眉目炯炯，比胸前的红花还要耀人；新娘甜甜地笑着，羞涩地挽着他的手，二人向着舅舅深深地鞠躬。舅舅欣慰地笑了，满面的红光，额前的白发仿佛也要迸出光来，粗糙的大手只一个劲地抹着红湿的眼眶，落下几滴炽烈的男儿泪。

舅舅种了一辈子的田，养了一辈子的猪。身为长子的他，早早地辍学担起了持家的重任。这双如枣枝般长满粗茧的大手，常年握着田头的犁具，如今终于可以抱一抱即将出世的孙子。

表哥紧紧握着这双大手，喉头不禁哽咽；舅舅用力地回握着，不好意思地红了眼眶，口中只讷讷地叨着"好"。夕阳西斜，打在陈旧的木门上，照亮了眉开眼笑的年画娃娃，漾出一圈圈温暖的金色。枣树也乐呵呵的，笑得皱纹里也开出了花。它想，又该多一个人来分享枣子啦。

枣树是这个家庭的守望者，是岁月最忠实的纪念者。我用心地嚼着蜜枣，尝到了一代代人无悔的付出，尝到了一代代人逐梦的拼搏。

年华如茵，斗转星移，只有外婆家的枣树，却日月不变地记下那些细小的情节，见证着平常人家最寻常的悲欢离合，沾染上同样的呼吸与情感，相濡以沫。一年一年，奉献出最美好的果实，滋养着一代又一代的亲人们。枣子红了一岁又一岁，老树突起的根恋被磨得圆润光皎，它的每一处伤疤、每一抹褶皱、每一圈年轮上，都刻满了人世间饱含哲理的密码，散发出历尽沧桑后洗尽铅华的润泽光芒。

它从来沉默不语。许多话，它不说；许多话，它用不着说。它以疏密不一的年轮，用岁月告诉我们，什么是坚守，什么是永恒。每一个走过它的人，都能在它无言的长伫中望见自己生命里那属于昨天的感念、今天的拼搏与明日的期冀。

它茕茕孑立的身姿，永远是一代又一代人心底一道不可磨灭的风景，一曲无声的传奇，一种不朽的精神。

摆小摊子的老人

江苏省无锡市大桥实验中学高一

葛 鸽

冬天又来了。

我走出校门的时候路灯已经亮了,冷风灌进我昏昏沉沉的脑袋,搅起那些沉在深处的记忆。我忽然想起这里本来有个摆着小摊子的老人的。

有多久没见到他了呢?也许半年或者更久吧。我们算不上认识。

我记得大概是去年,一个下着小雨的冬日黄昏,我和妈妈逛着街,看到前面店门口有个穿着白衣服的人推着一辆自行车在卖什么。妈妈停下了脚步。我站在她身后,眼前是一位相当苍老的老人。他穿一件洗得发白的夹克,人很瘦,像缩在那件肥大的外套里一般。大概因为冷,他戴上了夹克衫上的帽子。帽檐下露出的头发和眉毛完全是雪白的。他的脸瘦削、干瘪,满是褶皱。他原本缩在他那辆旧式自行车旁,见到我们,便慢慢地站起,摆弄车把上挂着的编织物,询问我们要不要买。

这个时候刚巧有两个路人也走过来问他卖的是什么。他高兴地说这是他自己用苇叶编织的花和昆虫。他说的时候有些漏风,脸上有些骄傲的意思。可是那两个人觉得没意思,转身走了。

这时候妈妈问他:"老伯,你多大年纪了啊?"他略有些得意地说:"有八十了!"妈妈轻轻"噢"了一声,像是回答又像是感慨,又问:"你住在哪里啊?"他说:"刘潭。""刘潭?那蛮远的啊!你这么大年纪了怎么还会出来呢?"妈妈相当惊讶地问。

他低下头去,摆弄着他的编织品,过了会儿说:"我家里就只有我了。"我们都沉默了。细雨从檐下飘进来,空气里满是湿冷的气息。他接着说:"年轻的时候无所谓啊,老了就只有一个人了,呵呵。"他笑了笑,像是自嘲。

我觉得心里有些淡淡的酸,然后又讲了什么,我记不得了,我只记得妈妈又问他卖到几点回家。他说:"没生意就早点收摊,有时候11点才回家。""为什么不早点回去呢?"妈妈又问。他回答说:"早回去也没意思,家里就我一个人,连个说话的人都没有——哪天我死了都没人晓得,呵呵。有时候在这里卖么,还有人高兴跟我说说话……有时候太晚了,走在路上人都没有。有一次有个小伙子还抢了我的钱呢!那时候我想我反正也斗不过他,都一把年纪了,就把钱全给他了。"妈妈顿了顿,不能说什么,只是问:"你骑自行车骑得动么,刘潭这么远!""骑一会儿,骑不动了就下车慢慢推嘛。"妈妈问他吃过晚饭没有,他说下午吃过了,妈妈示意我去买点热的东西来。我买回了吃的,他又是惊喜又是感动,连忙说:"真是太谢谢你了,真的,哎呀……"我很不好意思,就像偶尔做了一点点好事就被人看着一样——也许还有别的心情乱七八糟地缠在一起很难说清。

后来我看见他有时也在我们学校门口摆摊。那里走过的人多,不知生意是不是好点。但是我并没去照顾他的生意。因为我想他做的小玩意我不需要,因为我想我终究不能帮他什么——后来我想这也许是我的自慰之词。

那以后每次走过校门,看见他站在风中,我只是低着头走过,带着微弱的负罪感。

然后是作业,考试,乱七八糟的烦心事,也就淡忘了这样一位老人。

夏天的时候,有一回妈妈突然说:"好像很久没看见上次那个摆摊的老人了!"我没有回答。

秋天,接着冬天,都没有看到。

"也许他……"我站在路灯下,看着昏黄的灯,落了叶子的树。不知为什么,突然记起这样一句话:"这是一个幸运的人对于一个不幸者的愧怍。"我知道说这句话的人想得并不全和我一样，但是我和她一样愧怍，也许更愧怍。

　　这世上那些细如尘埃的人悲哀，也许有时确也触动过我们的内心，我们偶尔也会伸出援手，但很多时候我们会有意无意地忽略。但愿人人内心都能有一盏灯，照向角落。

（指导老师　瞿　菊）

初夏的回忆

上海市松江区第四中学高一 马钰婷

  微风吹拂过蔚蓝的天空，空气中夹杂着专属于初夏的味道，那是甜甜又清新的味道。初夏的阳光带着梦幻般的色彩，柔柔的，又泛着淡淡的金光，其中蕴含着回忆，也有着对初夏的感慨。

  风轻盈地吹去，不时卷起朵朵合欢花，顷刻，便又落回泥土中。我拾起一朵合欢花，它的周身映着专属初夏的阳光，记忆深处的一花一世界，也随着初夏的到来，越发清晰。

  故乡，一个充满回忆的地方。我梦中无数次梦到的地方，但每到初夏，西瓜熟了，我的梦也就实现了。终于，一年之中有这么一次回去看看。我眼眸中蕴含着星星，用无限惊喜的目光，看向故乡，美好的光景映入清澈的眼眸。

  祖母总会用慈爱的目光看向我，让我好似置身于温暖的花海中，心中亦是暖暖的。我便会去牵祖母饱经沧桑的手，这双手上包含着对我的爱以及对整个家庭的付出。

  我与祖母去地里摘西瓜，祖母在田头寻找着西瓜，脸上显现的是慎重，金黄的阳光照在祖母的脸上，是神圣，亦是我心中最深的记忆。每当祖母摘到西瓜，我便急忙上去抱起，用甜甜的笑回应祖母，犹如吃到糖的孩童，笑容也感染着这里的一草一木，使这儿的一方天地云开日出，变得更加明朗。这种美好是专属于我与祖母的，是初夏中最深的记忆。

  初夏，是我与祖母美好的回忆。只可惜，初夏太过于短暂。我与祖母的相处时光，也转瞬即逝。可我的那颗心，犹如游子般无时无刻不吟诵着家乡的美好，对家乡的思念。初夏，见证着我与祖母的祖孙情。

初夏，是一个游玩的时节，那时的天是海洋般的颜色，是看不见底的，那时的阳光是和煦的，是令人心之向往的。江南，是我在初夏时，见过美好的地方。

江南是一位沉睡在海上的少女，随着涟漪的轻晃，总能给人温柔似的感觉。那幽深的小径，是江南中最为安静的地方，我眼眸随着飘落而下的花瓣牵引着，一步步走向石阶，只见落花铺落石阶，我好似看见一位妙龄少女撑着油纸伞，款款而来，她的一颦一笑，使我不禁觉得她本该属于这江南。

在江南，总少不了烟雨朦胧的时节，那里的一亭一楼，一花一树，遮上一层白纱似的，隐约间看见它们殷殷相顾，欲说还羞。如此美妙的景象，是我初夏中见过最美的地方。

渐渐地，云浅了，雾散了，江南的美，在一场烟雨后，更让人记忆深刻。我想定是哪位画家来过这儿，瞧！柳枝更添几分绿，天更添几分蓝，花儿更添几分红。

初夏，最美的便是江南，那里的一花一树，都美得惊心动魄。是初夏的到来，使江南成为我心中最美的地方。

初夏，让我沉浸于祖母的慈爱，沉浸于烟雨的江南。只愿初夏能多停留，让我满腔对祖母的依恋，对故乡的怀念，对江南的留恋能得以倾诉。

（指导老师　景一君）

初夏的感慨

上海市市北中学高二 曹居一

初夏时节，放学的时候天仍然大亮着。我在小区门口的便利店买了一支甜筒，草莓味的。我心想着快要到家了，便打算进了家门丢下书包再开始慢慢享用。

可是，五月末的气温已经高到让树荫下下象棋的大爷们换上汗衫和短裤的程度了，我的甜筒一分钟后便不幸开始融化。于是，我拿着甜筒飞奔上楼。帆步鞋踩在楼道的台阶上，响亮而急促。

我蓦地想起十年前一段类似的脚步声，同样急促，却稍显虚弱。那也是一个格外炎热的初夏，我吵着闹着要奶奶去给我买冰激凌。

我还清楚地记得，那也是一支甜筒，也是草莓味的。

那时候我家住在七楼，没有电梯。

在那个封闭的闷热的漫长的楼道里，她是怎样的局促不安，怎样的气喘吁吁。直到十年后，我才后知后觉地想起这些。

可是，奶奶早就在一个初夏去世了。八年过去，我早就不再在那些蝉鸣的夜里哭泣，只是每到初夏，总是平生感慨。

我总是觉得，人们能够在初夏听到许多其他时间注意不到的声响。初夏的大多数时候，房门和厚厚的玻璃窗总是敞开着，穿堂风吹进来，我们便能在惬意里——听见初夏。

我还小的时候，妈妈有一辆摩托车。妈妈每天骑着它，呼呼啦啦，风里来雨里去。摩托车的发动机在运作的时候，会发出很响的轰鸣声，而且车越旧，声音就越响。每个初夏的傍晚，我坐在窗边做作业的时候，总能第一时间清晰地辨认出妈妈的摩托车声响，然后飞快地把手上的课外书收好，摊开作业本，装出钻研难题许久的沉思模样。

有时候倘若想要拜托妈妈给我买个什么东西，便第一时间奔到家门口，开好门，端着茶水恭恭敬敬地等候。那个时候，我简直觉得妈妈的摩托车拥有世界上独一无二的声响，无论到哪里，我都能听出来。后来，那辆摩托车很老很旧了，妈妈换了小轿车后，我便再没有听到那样的声音。

我再大一点的时候，外婆从老屋搬过来，每天烧菜给我吃。童年时的每年暑假，我都是在老屋过的，因此，她最了解我的口味，我也最爱吃她做的饭。每个初夏的日子里，我放学回家，一到楼梯口便能听到三楼的窗口传出把菜倒进油锅里炒起来的声音，并伴随着一阵阵饭菜香气。我始终觉得那实在是天下最温馨的声音，代表着即将到家的声音，代表着家里有一桌热腾腾的饭菜和爱你的家人在等待你的声音……

后来，我拥有了一个小妹妹，肉嘟嘟的，可爱极了。作为姐姐，我一定是不太称职的。妹妹记事起，便总是只能看到姐姐伏案学习的背影。一入初中，课业繁忙，能陪她玩耍或读书的时间少之又少。可是，她并没有因此而对我有丝毫的生疏，凡事都想着把最好的留给姐姐。我每每关上房门学习的时候，父母是不允许妹妹来打搅我的，偶尔得到批准，她便像得了什么心心念念的玩具似的，兴奋地扑过来。初夏时房门总是敞着，于是她雀跃的脚步声总是格外清晰。轻轻的，有些急促，有些凌乱，她总是这样跌跌撞撞地奔过来，想要把在幼儿园得到的小红花送给我。

高中以后，我寄宿在学校，便难得听见她的脚步声了。前几日放假回家，她又是这样兴冲冲地奔到我的房间来，我才蓦地发现，她的脚步声成熟、响亮了许多。时光飞快，妹妹很快长大了。她的脚步声又不由得让我想起奶奶，由响亮变虚弱，由急促变缓慢的脚步。人啊，就是一个轮回，如今，我真切地体会到了。

……

我是喜欢初夏的，有热烈的白昼和凉爽的星夜，更重要的，是有爱的浸润。关于初夏的感慨，无非是些对过往的回想，但初夏绝不是个感伤怀旧的季节，如今这个正在进行的初夏，也同过去的那些一样，值得珍惜和铭记。

去倾听这个初夏吧。然后，心怀感激。

柿子树

江苏省南京市一中高二

张栎婧

老家屋子旁有一棵柿子树。它在那儿不知已经伫立了多少年，只觉得在风声摇曳中净是沧桑的气息。在那之前，我竟不知一棵果树可以长得如此高大，也许是为了让它的孩儿们看到更远的蓝天，同时，也荫蔽了几代人在树下的日子。

几只麻雀飞累了，落在屋顶的石片上，却仿佛感觉到了屋子里静谧得可怕的诡异气氛，惊了一下，扑棱棱地飞落在老柿树的枝丫上，好奇地瞅向屋内。屋子里爷爷皱着眉，抽着烟，烟雾一点一点散开，笼罩在身边，眉间的犹豫与矛盾像化不开的浓墨，深重而愁苦。奶奶手里没停活儿，眼里却泛着星星的泪光，时而又心疼又嗔怪地望一眼坐在一旁一言不发垂着头的儿子，哥哥妹妹们只有悄悄扒着饭，大气不敢出，因为心里都明白眼前的抉择是如何的艰难——家里并不宽裕，小儿子——我的父亲——第二次高考又失败了，这无疑给那摇摇欲坠的家压上了根沉重的稻草。要再赌一次吗？可生活已是那么不易，对于一个农村家庭来说，读书已不容易，何况再支持一年，可要不试试，儿子的心里又该是怎样的不甘、失落与愧疚啊。况且平时儿子的成绩还是很不错的。

麻雀们并不懂得面前这家人的心情，又一阵扑棱，快乐地飞向蓝天，嬉戏打闹去了，只有柿子树还在关注这里每个人的神情。

爷爷是个很明理的人，奶奶也曾是大户人家的小姐，更知读书的魅力，最终，奶奶开口了："仙家说过的，他以后会走出村子的，会有出息的……"随即又是一阵静谧。紧张的氛围使得柿子树也停止了晃动。爷爷猛地一磕烟，问："你想念吗？"父亲愣了一下，猛然抬头，正撞上爷爷信任的目光，一咬嘴唇，郑重地说："想。"几秒钟的停顿，爷爷嘶哑着喉咙说："那就再读一年！"瞬时，父亲的天晴了，一切是希望的颜色。那时，只有天知道，这是个改变父亲一生命运的决定。

从此，清晨的柿树下，总有一个少年读书的身影。然后揣上两块饼，在柿树牵挂的眼神中，披着朝霞去往学校，晚上更是伴着月亮的节奏赶回家。父亲明白那个家为他的牺牲。为了那一丝希望，也是为了报答，他用上自己全部的精力。没有人知道那一年的日子对父亲来说是怎样的，也没有人知道那一年的日子对整个家庭来说又是怎样的。但我知道，来年的夏天，父亲拿到了一份鲜红的录取通知书，一纸走向未来的门票。那一刻，柿子树也激动地颤抖起来……

又是一个结满了柿子的日子，不同的是，爷爷奶奶老了，我长大了。我有着一个城市孩子对乡村的全部好奇与热情。我为夜空中多得不可胜数的星星着迷，我为隔壁杀羊人家屠羊时羊儿们相互依偎的场面感动，我为屋子后葱茏的竹林震撼，当然，我更为眼前这棵苍老却茂盛的柿子树吸引。

哥哥姐姐们也许会羡慕我城市里的生活，却不知我有多么向往那清新的空气和自由的环境，在与他们嬉闹时，哥哥能一下爬上柿子树去冲我做鬼脸，我却只能在树下干着急。爷爷教我用兜摘柿子，我完完全全沉浸在这"游戏"中，又被差点掉到身上的柿子吓得大喊大叫。今天想来，也不知老柿树有没有被我扯痛，我却只见了它对我和蔼的笑容。

在树下，我与哥哥放爆竹，被两只小黑狗追得撒腿乱跑，陪着奶奶晒采下的芝麻……在抄着镰刀割稻子割得满手是伤，在扛着铁锹挖山芋挖出一条小白蛇，在摘棉啃枣，在四处弹凤仙花果，在吊水差点掉进井里，在老柿树认识我之后，我又回到这冰冷的城市，不见温暖可触的阳光了，不见满地奔跑的小鸡了，不见一碧如洗的蓝天了，一下子觉得生命里少了些许。终于明白，有些东西，我已经失去，现实也不允许我找回来了，纵使老柿树依旧在老地方，等着我的归去。

岁月蹉跎，爷爷老了，病了，到城里来做手术，家里的老黄狗哪也不去，呆呆地趴在树下，痴痴地等爷爷奶奶的归来。乡村的物事都是带感情的，有灵性的。

十几年前，老黄狗到了爷爷家，便住下了。这些年，他们一起剃光头，俨然是一家人。这么些年过去了，老黄狗已经很老了，老过许许多多的狗，却依然威风凛凛，即使神色已有了如老柿树一般的沧桑，却仍然守卫着老两口。两年前，老黄狗突然不吃不喝，在老柿树下永远地闭上了眼睛。伤心之余，爷爷奶奶把老黄狗埋葬了。谁也不知道老黄狗绝食的原因，只能给它送去一份祝福。

谁知仅仅几个月后，爷爷就走了，据说走得很平静，然而走时身边没有一位亲人。他说出去遛遛，却倒在了回程上。只知道他在前面的茶水铺里坐了坐，说今生还没看到孙子成家，小孙女儿——也就是我——考上大学。我叫了，哭了。我明白，今生爷爷留下了一些遗憾是因为我，血脉之情不会因为距离而削减，他一直牵挂着我。

第二年的柿树没结几个果子，也许连它也伤感了。人们说，老黄狗先去是给爷爷引路去的。我相信，我相信情感的牵连，我也相信这种善良。

麻雀又回到了柿树上，那树也依然那样沉稳、慈祥。它就伫立在那里，见证人世一代一代的变迁，记录着一点一点的风云瞬逝。如今，旁边的田已被填平，盖上了成片的楼房，老柿树的生命怕也快走到尽头了吧。人们一点一点擦去自己关于过去的记忆，毁灭生命的灵物，选择用浮躁蒙蔽双眼，以遮掩其不敢窥视曾经走过的日子的事实。

但我知道，老柿树已承载着几辈的岁月，故事驻扎在我的心底，我也会记得其中一成不变的浓浓爱意。

远处盛开的烟花	刘祎宁
从来没有什么告别	胡海琪
熟悉与陌生	蔡　翔
月满纸花	朱羚玮
夏河	夏晓蒙
他的笑，他的拥抱	王天奇
父亲	陈　蓓

第三辑
如花的微笑

远处盛开的烟花

上海财经大学附中高一

刘祎宁

在夏天的日本参加烟火大会，与友人一起逛人来人往的集市，友人兴致很好，买了满满一手提袋的纪念品，我却觉得这里贩卖的东西与国内大同小异，有些无所事事了。突然，远处的夜空中跳出一朵大红色的烟花，如孔雀开屏般闪烁着绽放。可是，还没有等我从惊喜中回过神来，它已经消失在深邃的夜空中。远处，还有大大小小的烟花在不断绽放，可我的思绪却已随着大红色烟花的消逝，走进了黑黑的夜色……

烟花闪耀的一刹那是多么好看，能照亮整片夜空！然而，为什么它的动人只能维持短短几秒，就这么永远地消失了呢？

母亲对我的爱也是如此。

童年时，母亲温柔且善解人意。我爱我的母亲，就像所有孩子都依恋母亲的怀抱。

然而，在我十一二岁时，母亲变了。不知是从哪一天开始，母亲的情绪变得无常，时而开怀大笑，时而暴躁易怒，她会因一点点小事或一个话题暴跳如雷，将家里的瓶瓶罐罐全都摔在地上，她会无缘无故殴打她的丈夫——也就是我的父亲，叫骂着唾沫飞溅。当然，我也是少不了挨打的。多少个没有光的黑夜中，我蜷缩着身子躲在阳台的小角落里，哭泣着听母亲在另一个房间里朝父亲怒吼的声音，泪水从我的眼中汹涌而出，但我却不敢哭出一点声音，生怕会被发现，引起另一场风暴。

后来，父亲带母亲去了医院，医生说，母亲是压力过大患上了狂躁症，加上她之前本来患有甲亢，就变成了现在这副样子。然而，母亲拒绝服药，我和父亲只能默默承受她的变本加厉。有几次，我以为，我的母亲，真正的母亲永远消失了，我将永远被黑暗笼罩。

再黑的夜里也会有烟火。

母亲染上了肝炎，在家调养。我每天放学回家都直接回到自己的房间，以免与她正面交谈从而惹恼她。有时，我会看见母亲痛苦地在床上呻吟，我心疼她，即便她对我的打骂造成了难以言喻的伤害。我仍希望她会活下去，我也说不清这种感情究竟是爱还是恨。

那天放学，我回到家，看见母亲竟穿戴整洁地坐在沙发上，出乎意料地非常平静。我不知这种现象是福是祸，一头扎进房间。

我听见厨房传出了切菜的声音，母亲怎么会做饭呢？自她患病以来，她几乎都不做家务，她今天怎么会想到做饭呢？我心中充满着好奇和不安，推开房门走进厨房，母亲真的在厨房里忙碌着！她在灶台前来回地走动，初夏的热气使她的额前沁出了密密的一层汗，顺着她的额角一滴一滴滚落下来，连背上都被浸湿了好大一块，母亲用纤细的手臂握起沉重的铁锅，吃力地来回挪动。这时，她似乎是看见了我，冲我望了一眼，就又去忙碌了。那一眼，仿佛有些无奈，又仿佛有些不解，我不懂。

那天父亲回来时，餐桌上已摆好了三菜一汤，其中有我最爱吃的茄子烧肉。父亲被这久违的景象所震惊，盯着他心爱的、被病魔缠身的妻子，张了张嘴，最终没有说出一个字。吃饭时，还是没有人说话，也许是没有什么话可说，也许是有太多话想说却不能说。母亲做的饭很好吃，这是十分难得的。我觉得，其实我已经早就原谅她了，或者说，从一开始我就没有讨厌过她。我想，父亲也是这样。毕竟，每一个狂躁症患者都只是变成了一个性格倔强的孩子。

吃完饭，我和父亲起身想要离开，这时，母亲轻轻说了什么，我听见了，她说："对不起。"父亲也听见了，他转过身，对母亲说了同样的话。

我感到初夏的热中有一股凉风吹拂在脸上，我被深深的内疚笼罩着，不知道如何来控制自己，母亲虽然经常无故打我，可平日里也有爱着我和父亲的表现，但在内心的抑郁中，却一直都被我忽视了！比如书包里放着的那一盒水果，又比如校服上用心打着的补丁。母亲或许确实是疯了，可我却只记得她是个疯子，忘却了她是我的母亲！

第二天，母亲住进了重症监护室，我疯了一般哭泣、呐喊。我突然明白昨天可能是母亲给我和父亲做的最后一顿饭了，我以后再也吃不到了！母亲的爱像烟火一样，虽然明亮到可以点燃整片夜空，现在却要从我眼前永远消失了！而我无能为力，只能眼睁睁地看着它化为灰烬，被风吹散，一点一点从我的手指缝中溜走。我终日祈祷着，手心里紧紧握着小小的十字架，甚至被它扎得感到刺痛。上帝啊，救救母亲吧，她从来就不是个坏人！

也许，真的是有神灵保佑，母亲被救回来了。

她的狂躁症依旧没有好，脾气同先前一样反复无常。我和父亲却变得宽容了，我们知道，母亲就如先前一样爱着我们，哪怕爱的表现与常人不同，但只要有爱，母亲依旧还是天使。

我渴望在初夏看烟花，烟花是这世间最绚烂的东西，美得如此透彻心扉。虽然它的生命很短，但我知道，它会永远留在我的记忆里，我的心中，永不消逝。

又有一朵烟花在我眼前开放，我拉着友人的手走向最近的一个小铺，那里有卖装有干花的香袋，和着初夏的风散发出阵阵香气。

友人看了眼价格，想拉着我走开，我却执意要买下。他不解地看着我："买这个做什么？"

我回答着，眼睛却盯着远处盛开的烟花："带回去，送给妈妈。"

初夏的夜中，烟花一朵接一朵地盛开。我要把我的爱，送给妈妈。

从来没有什么告别

上海华东师范大学第二附属中学高二
胡海琪

清明，爸带姐姐回家扫墓。因为上了大学，要去爷爷坟前道一声。

"拜！回头微信见！"姐姐很潇洒地和我摆一摆手，扭头就上了车。

"在家要听话啊，学习好好抓紧。记得给爸爸打电话，回头爸爸从老家给你带鱼丸啊。会想爸爸吗？"爸摸着我的头，一个劲地叮咛着，完全没有离开的意思。

"想！会想的。您快走吧！"我和爸爸结结实实地抱一下，他两手牢牢地将我锁住，似乎要将我三魂六魄挤出躯体一并带走。

"再见！"他终于登车，手不停地挥着，直至汽车发动，绝尘而去。

我合上门，感到一分释然，仿佛掐着日子应做的仪式完成，生活又归于平静。忽然脚下一绊，原来是爸的拖鞋横在路中间，昭告其主人已经不在家了。我眼眶忽然不由自主地湿了，想起很多年前，自己还很小的时候。

搬家前我家住在高层，从书房的窗可望见小区的后门和门外繁忙的马路。每逢爸出差，我总不免惴惴多日，写下一条条讲不尽的短信，安抚他几天不见我的思念，以便他在异地翻看。

那时我书虽读得不多，却已颇有些痴气——以为告别或是芳草迷离的长亭，折一枝嫩柳赠伊，让他一路春色，落地生根；或是南浦渡口，将长桥走上几番，任船夫催促起航仍执手相看泪眼，在漫天杨花中看轻帆被青山掩去；或是摆酒阳关，击剑高歌……总是依依不舍，总放不下，因而在家门才连声道完"一帆风顺""万事如意"，眼见电梯两扇无情的铁门钢刀似的斩了话别，清泪很快决堤，将两眼蒙得不分东西，跌跌撞撞地扑到窗前，将额头抵在纱窗上，极力地向下探看去，车门合上的响声传到耳畔。我的眼光追着两点火红的车尾灯一路出了小区后门，霎时汇入车流暗淡不见，头脑便害了高烧般发起热来——万一出了车祸？在异国被抢劫了？万一生了病……我又害怕地将眼泪混沌抹去——爸福大命大，肯定平安无事……就这么胡思乱想，在猜测的畏惧与安慰的坚定中辗转，直到妈笑我的泪水，我只得赶紧抹了满脸的泪去洗脸。

小时候，还相信着人生无常，虽不晓得古时告别的难，只因为交通不便，经常是一别无音信，可说是"生离死别"，今日因为倚仗便捷的交通和通信，告别变得频繁且普通，我竟在盲目自信中遗忘对未知时空的畏惧！这前路的荒谬，于远行之人而言，是死亡一般明晰——人何以学会了在悬剑下做起安然的美梦了！

死亡，这注定的告别，于我已是陌生且模糊的。因为有生以来，也只经历过一次。爷爷的死，是早在我八岁时的事了。

黑夜里爸将我摇醒，我看着本应陪在医院的他，蒙眬中就从那眼里的血丝读懂了——爷爷走了。

在回乡的车上，一家人都睡着，只有爸无言地握着方向盘，显得很脆弱——也许他只能掌控好他手中的方向盘。

我睡意蒙眬，自己有些疑惑，爷爷也是睡了吗？大伙都无声，我又开始胡思乱想。死，不就是无声了吗？我难受地坐着，我猜想爷爷躺着，在棺木里保存着。我觉得有些茫然，但大概明白，他是已离开了。

去火葬时，众亲戚都痛哭，用沉厚的乡音唤着，不像是送那个棺木进到那铁门后去焚，倒像是要把远行的人喊回来。

从我有记忆起，爷爷就中风了，坐在轮椅上。他总是笑，用一种了无牵挂又没有变化的快乐，笑着。父亲总是在一边催促我："给爷爷唱个歌呀。"我就唱，有些高兴地卖弄些本事，爷爷便更开心地笑，流出些口水，爸忙给他抹去，有些欣慰地眨眨眼。

我虽小，可我也明白此时爷爷已啥也不明白了。他与人世告别，想来是笑着，没有牵挂的。我看着爸，爸没有吱声，只是很艰难地喘气，像是运行不畅的火车。爸的眼睛是血红的，却干得一滴泪也落不下来了，他嘴唇乌紫发白，似乎想念出几个字来给自己听，但终于只是颤抖。我感到他极圆润的身子像纸一般，在劲风中战栗，无助地抖着。

我不解那告别，于是只是流着泪，在心中一个劲儿地说"走好"。但其实多年后，我想，我是明白的：

从来没有什么告别。

对于至亲而言，你永远在他心中走着，行而不远。其实告别哪能改变前路无常呢？一如生死，也许只是尽了我一片爱，去面对世界的荒谬，做笑的反抗。

（指导老师　陈　乾）

熟悉与陌生

浙江省新昌县澄潭中学高一 蔡 翔

真正的熟悉是带着陌生的。

每年夏天，我像是得了什么不知道的病症，恐惧南国的闷热，很少出行，整日蜗居在房间内，打着让人寒战的空调，裹着厚实的被子。我不是整日发呆，便是整夜埋头大睡，偶尔抬头看看天，一个人孤单得像只囚笼里的鸟，伏在阳台上张望被眷顾的世界。

母亲那时候还在家操持家务，见我整日浑浑噩噩，心头有些难受。她抱住我，用脸颊抵住我的额头，说："格，你告诉妈妈你要如何才能笑笑，妈妈都同意。"我挣开她的怀抱，摇了摇头，不语。妈妈无奈，从老家唤来了祖父。祖父见到我，笑了笑，摸了摸我的头，对我说："格，我们去看海吧。"

我六岁第一次去海边，还是祖父带着我们一帮小孩子去的。

芋头和酸奶当时也在，我们疯狂地在沙滩上狂奔，打滚。海风习习吹来，浪涛击打着礁石。我还记得，天空是无法替代的蓝。祖父慢慢走在岸堤上，他望着远方驶来的渔船，招呼我们过来，说起年轻时自己也曾经独自驾船到过很多地方，包括一些不知道名字的小岛。我们羡慕地看着祖父，要他带我们到船上去。祖父摸着我们的脑门，笑着说："好，好，等你们长大，等你们长大。"我看见当时祖父眼里满满是自豪。

芋头是一个很漂亮的女孩子，四季都爱穿裙子，她常靠着石桥边上的大香樟树，瞪着她乌亮的黑眼睛问我："长大究竟要多久呢？会不会一夜之间就长大呢？"我摇了摇头："不会的，成长是很慢的一件事，就像跑

3 000米一样，过程真的很漫长，到终点也真的很辛苦。"芋头看着远方开始沉默，过了很久转过头问我："如果以后我们都不在了，你该怎么办？"我指了指远方，说："我会爬到最高的那座山上，看你们走了多远。""然后呢？"她问。"然后大声地喊你们，让你们回头看看我。"

酸奶那时候总爱调皮，老从背后出来掀芋头的裙子，而芋头总是鼓起她的脸假装生气，试图去抓酸奶，酸奶马上躲到我的身后。我们三个开始绕着大香樟树不停地跑，不停地笑。阳光透过枝丫散泻的小金光松松散散地披落在我们肩头，一点一点抵达我们的心房。

我们终于长大了，花了六年小学时光和三年初中时光。最后芋头去了英国留学，酸奶去了冰冷的北国类似于三流的职技学校，而我继续留了下来，稳稳当当地考上了这南方小城的重点高中。

华年似水，带走了春，带走了夏，又带走了秋，带走了冬。我的生活规律得几乎与外界失去了联系，每天寝室、食堂、教室三点一线，半个月放一天假。我的生活里渐渐少了芋头和酸奶的消息，只剩下我一个人沉默不语。三个人一起游荡过的街，只剩下我一个人留在原地一直走，一直走，走到荒芜。

有时候在线上还会碰到他们，不同时空里有了时差，到最后慢慢变得无话可说。偶尔有个话题也与曾经全然无关，直到索然无味。

很多时候很多事情总是在我们以为会一成不变的时候转过身来，露出一种惊喜，抑或是恐惧，是岁月施下的魔法，改变着我们。

有很多次芋头和酸奶都问我："头像怎么还是原来的啊？"我说："就是她啊，一直都会是她。"

你们，只需要记住我从前的样子。那时我们都还没有长大，时光美丽得没有一点杂质。

祖父带我所见的海已经找不到从前的影子，除了它的宽度和深度。

去海边的车上我一直都没有说话，道路是新修的柏油路面，发出一股燥热的灼焦气味，两边是被砍伐得只剩下木桩的树木，树叶堆在地上，像一张张狰狞的面孔。我伏在车窗边看着,内心总被一些隐性的情绪所撕咬。

我的心灰灰的,形同雨天。自己也不看祖父,低头咬手指。

是什么想放开放不开?是什么一直想挽留却留不住?海不会说出任何答案的。

当自己重新站在曾经的地点,现实物是人非。海水依旧有力地击打着沙石,远处隐隐漂浮着星点般的渔船。祖父叹了口气:"格,我再也不能碰它了,最初那么熟悉,而今那么陌生。"我的眼眶顷刻转红,但依旧没有说话。"格,你知道海为什么会这么辽阔吗?因为它包容。我们应该像海一样学会包容,不能把自己封闭起来。一个人在这世上,是要走很长的路,路上的风浪和变换总是无穷的。而你这样,太脆弱了,脆弱的人会失去自己,爷爷不愿你这样。"祖父说。

我转过身,抱住祖父,点点头。在他枯槁却温热的臂膀里我似乎闻到了海水的味道。

祖父摸了摸我的头,说:"以后,我们还来看海。"这样的话,很久以前,他们不也一样说过吗?

"格,爷爷以后再带你来看海。"这是祖父的声音。

"格,我们一定可以坐船出海的。"这是芋头的声音。

"格,我们仨定会永远在一起的。"这是酸奶的声音。

知道,知道,这些我都知道。可是海还会记得那么清楚吗?那么多人在它面前走过、停过、呼喊过、哭过、也欢笑过,它还都记得吗?

后来,祖父去世了,再也没有人带我去看海了。

多年以后,我平静地站在这里,怀念一些你们已不再怀念的东西,我明白了很多故事会像秋天的叶子一样落下,很多人会在你身后被黄昏拉长的背影里走丢,世界在我们的面前,是一座不断重叠的迷宫。我知道,当我转过身来想看你的时候,你不见了。

夏末的时候焚烧麦秆的田野,春天到来时伴着海风发出的兰草香味,我们出生在大地上曾经傻傻以为可以朝夕相处一辈子的人，都远去了。

只是海潮依旧在身后不停地涨退，那么熟悉，那么陌生。

真正的熟悉是带着陌生的。

月满纸花

浙江省舟山中学高二
朱羚玮

这些天长久都起得特别早，公鸡还没打鸣，他就一骨碌地翻下炕，边提裤子边往灶台边上跑，一把抓了一只油饼，待到一直在灶边忙活的月满妈回过神，长久已经跑到门口了。长久跨过门槛的时候听见月满妈冲自己喊："别玩疯了！中午记得要回家吃饭！"

长久因为双手要系裤腰带，只得用嘴叼着油饼含糊不清地应了一声，也不知道月满妈听见没有，但他也没打算再多此一举地回去，因为这时候再回去肯定又要被赶出来的奶奶揪住说上半天。

奶奶总是维护月满妈。

长久忿忿不平地想着，也不知是赌谁的气，于是撒开腿快跑了一阵，等心里那团气被清晨田里清澈的风吹散了七八分后才放慢步子，又开始愉快地咬起油饼。

长久起得那么早，是为了去看人家结婚。也不能算是去看结婚，他只是想在喜婆给小孩子们分糖时候也抢几把当零食。

说来也巧，村子里的婚事像是都聚在这几天里了。月满妈说，这样的日子叫作"黄道吉日"。长久听了进去，虽然不知道"黄道"是个什么物事，但"吉日"肯定是好的意思。可对此，长久还是存有疑惑。新娘子在轿子里坐得高不高兴长久不清楚——他亲眼看见一个新娘子在自家门口当着那么多乡里乡亲的面哭得稀里哗啦的。连长久自己都从来没好意思这样哭过。结婚不应该是要高兴的吗？怎么哭成这样子。长久又糊涂了，他觉得，大红色的喜庆日子里应该是要笑的，最好是像苗希望的爷爷那样笑得嘴都歪了。对了，长久忽然又想起来，自己不喜欢苗希望。

不过这关于哭不哭的问题并没有困扰他很久。长久觉得自己是个小孩子，月满妈说过，小孩子想太多，长大后会变得多心眼。长久不知道多心眼是什么意思，但月满妈用那种忧心忡忡的口气说，那肯定就是不好的了。长久很快把那个问题抛在脑后，不单单因为他不想变成多心眼，更重要的是喜婆已经掏出了那个装零食的红布袋。

长久混在一帮小孩子里面轰地将喜婆围住，齐声喊着"恭喜恭喜"，很快将喜婆红袋里的花生啊，水果糖啊，大白兔糖啊，饕餮一空后一哄而散，几个扎成一堆挤到了路边上。

往往这个时候，长久就要回去了。回家还是去田里玩，总之就是不能待在这里。因为照例，周围看热闹的人要开始对轿槛前边插着的那枝花评头论足了。

在茂秋，男婚女嫁从不敢聘礼。茂秋的人觉得，嫁妆是娘家人心疼女儿，将女儿送去男方家里后还要给女儿留些体己钱。而聘礼就说不过去了，一叠钱一收，就像是要把女儿卖出去。儿子女儿都是心头肉，女儿也是自家一把屎一把尿心甘情愿拉扯大的，就算嫁到人家家里流的也是自家的血，怎能说嫁给别人就是别人家的了？这聘礼收着，怎么觉得怎么别扭，所以，茂秋人结婚不收聘礼，茂秋人心疼女儿。

一定要说收了什么的话，就是轿槛前插着的那枝花了，大约可以算作是"聘礼"。茂秋人管那花叫"茂秋花"。茂秋花不是什么路边上俯拾皆是的野花，它金贵得很，最起码，也得是铜丝绕出来的。即使是大棚里养着的那些值钱的花，过了花期也就谢了。可茂秋花不会谢。男方家的人会找到村里的绕花师傅，给块铜子银子或是金子，隔几天去取时，那些原本笨重的金属块就已被绕成了长柄精致的花形，还要看绕出来的花结不结实，毕竟茂秋花是要藏一辈子的。更何况，这花还要插在轿子前头，来凑热闹的乡里人一眼就看见了。

这几天下来长久倒是见识过了不少茂秋花，原本没见过的，这两天都看了个够。铜丝的，银丝的，甚至还有一朵金丝的。

长久想回去了，他琢磨着，去田里看看前些日子种下的那株黄豆，现在大概有膝盖那么高了。

但他还没来得及扭过头，轿子抬起的一瞬间，长久的魂儿就被轿前的那朵金花摄去了。

那是朵多漂亮的金花啊，金灿灿明晃晃的，比起头一天花姨轿头的那枝金花，金更足，绕工也更细致。轿子轻微地晃啊晃，金花也跟着摇曳，好像天上的太阳都吸了进去，照得长久眼睛都花。他好像能看见花上金丝打着转儿勾出花瓣的形状一直流到花茎上，熠熠生辉，正举着两片娇嫩的新叶对着自己。长久简直都不忍心眨眼了。

要是，要是月满妈也有一朵这样的花……

"看啊，长久看人家新娘子的花看得眼都直了。"

长久吓了一跳，当即忿忿地转过身张望。果然是那个讨厌的苗希望，身后跟着几个窃笑的小跟班。

大人们看见这一场景也都纷纷一笑而过，以为是小孩子脾性。小孩子哪有不吵不闹的啊。

"你说什么呐！"长久一下子冲到苗希望面前，涨红了脸。

苗希望也被吓了吓，立即反驳说："我有说错吗？你就是看人家娇前的花看个没完！"说到这里，苗希望又理直气壮起来，"你知道这个轿子是谁坐的？告诉你，是我姑姑！我姑父可是城里的大——律——师——他要的茂秋花也肯定是最——好——的——"

长久还没来得及注意苗希望话里掩饰不住骄傲的长音就泄气了，他没想到这次的新娘子会是苗希望的姑姑，否则，无论如何他也不会来的。

长久更不想待在这里了，总觉这个地方到处都是维护苗希望的人，他迫不及待地想要去田野，看看自己种的那株黄豆结豆了没有。他都想着要退让了，可这时候苗希望却突然用一种得胜了的语气大声说："长久，你月满妈嫁给你爸的时候，轿上插的是朵什么花啊——"

长久爸娶月满妈的时候用的是纸花,村里人都知道,但也不对此讳莫如深。大家觉得就是因为那朵纸花,月满妈才会被娘家的人唾弃,长久爸才会在月满妈在生下长久后连月子都没坐满,就在开车过崖边的时候一没留神翻了下去。

这些都是很久以后长久从别人口中听来的,奶奶和月满妈从来不肯告诉自己,也从来不肯给自己看看那朵月满妈当宝贝似的、村里人却觉得不吉利的"茂胜花"。

长久的火气一下子就上来了。他第一次觉得苗希望居然是这样一个得寸进尺的人。热血沸腾的长久一下子冲上前去,没等苗希望和他的那帮小跟班回过神就狠狠地把手擂在了苗希望肚子上。

苗希望被打得踉跄着往后退了几步,一屁股翻坐在地上,捂着被打的地方还没缓过来,只知道一味瞪大了眼,张着嘴盯着长久。

这时候大人们才意识到事态的严重性,都围上来七手八脚地扶起苗希望,嘴上说着安慰苗希望和指责长久的话,好像他们打起来全是长久的错。

苗希望被大人们扶起之后,隔了好久回过神,看着仍旧喘着粗气凶神恶煞一般站在面前的长久,这才歪了歪嘴,惊天动地地哭起来。周围的大人们一下子又慌了,手忙脚乱地领开苗希望,生怕他大哭大闹冲了喜气。

长久觉得自己的喘气声都快突破胸口了,然后他气急败坏地掏出口袋里的糖砸向苗希望:"谁要你家破糖!"

苗希望好不容易偃下去的哭声一下子又惊天动地起来。长久还是觉得不解气,又觉得苗希望的哭声越来越聒噪起来,周围指指点点和窃窃私语挤得长久喘不过气来。长久越来越觉得待不下去,一个转身,就往田里跑。他迫切地想看看那株黄豆,那种渴望怎么也挡不住,连路上的风见到长久不要命的跑法都主动让出了道。长久听着耳边风绕行时的"呜呜"声,咧了咧嘴巴,好让眼睛里那些热气腾腾的水散掉一些。可是那些水珠子到了这个时候却不肯听长久的话，满满地挤在眼眶里，执拗地不肯往下掉。长久眼前蒙上了一层模模糊糊的水汽，几乎要连路也看不清楚了。

长久在田里待了一个早上，赶在吃午饭之前回到了家里。

月满妈正好要拿菜往桌上端，一眼看见杵在门口的长久，就说："长久回来啦，快来帮妈拿饭。"

长久应了一声，跟在月满妈后面端着饭锅子。

从这个位置望过去，长久刚好可以看见月满妈的手。没有苗希望妈妈的手那样又白又柔，月满妈的手指比苗希望妈妈的要长，却都是粗糙的沟壑，现在还湿淋淋地挂着水，还有一道长口子，是上次洗菜时候被一条不知叫什么的叶子划破的。

这又让长久不由自主地想到了早上苗希望拖着长音的"什么花啊——"。

"月满妈——"长久不由自主地喊了一声。

"怎么了？"月满妈把菜放上桌子，又接过长久手里捧着的饭锅。

长久没说话，他本来是想告诉月满妈白天受的委屈的，可他一下子又改变主意，不想说了。

月满妈一下子就察觉出了长久的不对劲，弯下腰，不轻不重地说："又惹祸了？"

长久含含糊糊地应了一声。

月满妈没说什么，只是叹了口气，直起身盛饭。

"月满妈，我这两天不出去了……"不知怎么，长久总觉得心里有些不舒服，好像自己真的犯了错。

月满妈又叹了一口气，把盛好饭的碗一个个摆开，说："长久，去叫奶奶来吃饭。"

长久应了一声，看着月满妈的背影，突然觉得鼻子酸酸的，路上流不出的眼泪这时候像是要争先恐后地挤出来了。

长久果真是安安生生地待了些日子，连每天必定去看的黄豆也抛在脑后了，只是待在家里帮月满妈编竹筐，或者去街上帮奶奶守摊子。

再之后，长久就彻底不出去了。茂秋的雨季到了。雨季一到，没下个把月是停不下来的，路上全是泥泞，也没有什么好玩的了。

只是那天晚上雨忽然下得特别大，噼里啪啦地砸在屋顶上，又凶又急，好像下起了冰雹子。落到屋檐上的雨又顺着瓦槽流下来，像是要汇成一条河流。

前段时间心心念念惦记着的黄豆一下子又回到了脑子里，长久忽然想起最近一次去看它时枝上坠着的那几节扁扁的、小小的豆子，那可是自己第一次种出来的豆子啊！隔了这么多天，肯定已经变大了。现在被这雨一打，指不定会怎么样……

被这样的想法一冲，长久头脑一热就往床下蹦，睡在外沿的月满妈眼疾手快地一下子把他拉住："长久，这么晚了还要干什么去？"

"黄豆……"长久急得有些语无伦次，"月满妈，我的黄豆还在田里……"

"长久，你要黄豆明天妈去给你买，你先睡下，外面雨那么大。"月满妈坐了起来，抓住了长久两只胳膊。

"那不一样……我就要自己种的那株，已经结豆了……我要去摘来……"长久急得快哭了。他还记着当初种豆时候的初衷，要结三节豆子，自己一节，奶奶一节，月满妈一节。上一次去看的时候，真的是恰好三节，而现在，他仿佛可以看见那三节豆子在雨里摇摇欲坠的样子。

"好吧，好吧，"月满妈还是没拗过固执地要去摘豆的长久，"你睡着，我去帮你摘。"

长久听见这话，一下子就不闹腾了，乖乖地点了头，爬上床，看着月满妈跐上鞋子。

月满妈走到门边，拾起边上靠着的伞，又吩咐："我可说好啦，要是豆已经掉了就算了，知道没？"

答应了的长久靠在被子上，一晃眼，就看见月满妈冲进了雨里。

雨才下大起来没多久，豆子肯定还没被打掉。长久欢欢喜喜地这么想着，第一次没有月满妈拍着哄着就进入了梦乡。

第二天一大清早长久醒得比谁都早，他昨天晚上做了一夜关于黄豆的梦，和奶奶、月满妈知道豆子是种给她们时候的欢喜样子。

可月满妈像是起得更早，长久在院里逛了一整圈都没找着她。

"大概是去外边倒垃圾了吧。"奶奶起来了，坐在竹椅上择着菜。

"簸箕就在门口呐……还有我的黄豆……"长久带上了口腔。

"刘婶啊——不好了——"这时候有人冲进了院子，把长久的眼泪又惊了回去，长久和奶奶一起盯住了毫无预兆地闯进来哭丧着脸的二胖妈。

二胖妈又开了口，用带着丧气的腔声喊："刘婶啊，带长久去田里看看吧，月满媳妇儿倒在田里，没气啦——"

月满妈死了，为了给长久摘黄豆。摘了黄豆之后上坡，雨天泥泞，脚一滑，后脑勺磕在一块石头上，没发一声就去了，手里还紧紧攥着三节黄豆。

那三节豆子长久后来看见过了，又扁又瘦，还泛着黄，奶奶和月满妈肯定不会喜欢的。

月满妈下葬那天雨还是下着，可村里的人却依旧来了不少，其中就是苗希望。苗希望自从上次被长久打过一拳后，一看见他就犯怵，可这一日再看见长久，又变得同原先一样，学着大人的样说："长久啊，别伤心了，节哀顺变啊。"

长久瞥了他一眼，一句话也没说就让开了。

钉棺材的时候长久终于见到了那朵月满妈一直舍不得也不愿意给他看的纸花。上边的红色都快褪光了，可一眼就能看出来它被保存得多好，也没有人说什么不吉利之类的话了。奶奶叹了口气，把轻飘飘的纸花放进棺材。

长久原本还想再去看月满妈最后一眼的，可是几个请来的叔叔已经把棺材盖移上了，叮叮咚咚地敲上了钉子。

茂秋的雨，一下起来就没完没了，这让长久想起了苗希望，他最会哭了，嘴巴一歪就哭个没完，劝都劝不住，好像要让全村的人都知道他受了委屈。折腾了三天下来，奶奶已经累得不行。月满妈走了，奶奶就睡在了原先月满妈睡的位置上，有一下没一下地拍着长久哄他入睡，可自己先睡着了，鼾声很响。

长久翻了个身背对着奶奶，奶奶这时候像是有些被惊醒，却眼也没睁地嘟哝一声，也翻了个身。

长久忽然就觉得委屈。月满妈每次都是先把自己哄睡着之后才睡的，月满妈不会打鼾，拍起来也不会像奶奶那样没轻没重。

长久觉得这些天眼泪似乎特别多，这一下子，又涌了出来。长久无声地吸了吸鼻子。

他想，黄豆埋在地里，浇些水就会长出黄豆。茂秋下了那么多雨，那埋在地里的月满妈，会不会也像结黄豆那样，再长出一个月满妈来？

最后长久还是没有熬住困，不抱任何期望地睡了过去。

梦里长久好像又看见了月满妈，这次自己是站在一个高大的男人身边，一起迎着穿红裙子的月满妈从轿子里出来。轿槛上插着一枝纸做的红花，在长久眼里，比苗希望姑姑的那枝金花还要漂亮。

然后长久看见月满妈对自己笑了，笑得比谁都要好看。

月满妈拿着纸花，牵起男人的手，又牵起长久的手。长久听见月满妈柔柔地喊自己的名字："长久——"

（指导老师 石耕）

夏河

浙江省宁波市效实中学高一
夏晓蒙

我对父亲的记忆就像是张渔网，挂在门前的晾网绳上，轻轻抖动，便会抖落出几年鱼鳞。鳞片反射着太阳光，勾起我对父亲的种种回忆。

十七年前一个阳光明媚的午后，我"哇哇"大哭地降临到这个世界。那一天，医生轻轻地推开产房的门，站在门口等待多时父亲，局促不安地跑过来。

"医生，孩子妈还好吧？"

"恭喜你，是个儿子！"

阳光兴奋地在我红润的脸上跃动，父亲轻轻地抱着我，竟不知所措地泣不成声。

母亲说，那是她第二次看见父亲哭。第一次是爷爷去世的时候，铁铮铮的汉子在他父亲的坟前痛哭，那是失去亲人的无奈。第二次便是他小心翼翼且略显笨拙地从医生那里接过我的时候，这是按捺不住的中年得子之喜悦。一个初生的生命被他捧在了手心里，那么轻，却又那么重。艰辛的过去、美好的未来以及所有复杂的情感，像是洪水一般向他袭来，让他无力抗拒。他热泪盈盈，晶莹剔透的泪珠被他眼角挤在一起的皱纹揉成了两道浅浅的痕迹，在炙热的阳光下发出喜悦的光芒。他以怜爱、心疼、充满希望，甚至是一丝崇敬的眼神望着我。他粗糙的脸磨蹭着我娇嫩温湿的皮肤，似乎想把他所有的一切全部交给我。

他笑了，好像那一刻他成了天下最幸福的人。

回到家中，母亲抱着我笑着对父亲说："他爸，你得给孩子取个名，一个男孩子不能每天囡囡地叫。"父亲叼着小烟斗，看着门前这条河若有所思。

河水总是清澈见底。夏天的时候，村里的男孩子在河里嬉戏打闹着，就连四五岁大的小孩也跟着稍大的孩子铆足劲到河里扑通地游几下。鸭子轻轻划过，水面会泛起层层波浪。波浪折射着阳光，让人总是遐想不断。听长辈们说，我家门前的这条河可以直通大海。所以要想知道海的样子，首先必须了解门前的这条河。后来父亲也告诉我说，他的童年时代也是和这条河密不可分的。

父亲总是忘不了这个场面，所以他朝着母亲憨厚地笑着："夏河，就叫夏河。"他说的时候，眼神就像河中的波光，折射出五颜六色。他的牙齿整齐地排成一排，上面有微微泛黄的烟渍。

父亲是个渔民。我所知道的是，爷爷的父亲，也就是我太爷爷为了不受战争的牵连，举家搬到这里，从此捕鱼为业。爷爷是渔民，父亲也是渔民。所以我们家门前一年四季晒着密密麻麻的大网。我小时候总喜欢跟在父亲后面跑，他喜欢叼着小烟斗，一边麻利地收网，一边哼着劳动小曲。他的身影被细细的网眼分割成无数定格，夕阳缓缓地倾泻在他的身上，染红了所有定格的画面。他的影子看起来是那么高大。

慢慢地，我长大了。我上幼儿园的时候，父亲买了一辆摩托车。那辆摩托车我至今还有很深的印象，因为当父亲第一次骑着它时，将吵闹的我第一个抱上了车头。车被擦得铮亮，父亲骑着它穿过镇子，我迎着风，乐得不停挥动着喇叭。父亲憨笑着，眉毛眼睛都挤在了一起。夕阳西下，把我们的影子长长地洒在了身后，路漫且长，好像一辈子都这么快活似的。

镇里在树底下纳凉的老头老太摇着蒲扇，对父亲说："老夏有福气啊，生的囡囡宝真俊啊。"父亲摸着我的头，笑得都露出了泛黄的牙齿。我好奇地看着他，他的笑声与蝉鸣交织重叠。

日子在不知不觉中从叶隙间溜走。

父亲捕鱼的时间时长时短。渐渐地,我从只能在河岸痴痴观望比我大的男孩子在水中嬉戏的小孩,长成一个同样能赤着胳膊在河里痛快游泳的男孩。我在水中就像一尾鱼,没有什么可以限制我的行动。我的自由像拂过水面的风一样,我在水里看这个世界。一切都是模糊的,河水覆盖着我眼线,我只感觉自己一步步地贴近了那片同样蓝得模糊的天空,像所有调皮的小孩一样,我在游戏中渐渐忘了学习。我不知道这到底是怎么一回事儿,自己不想被沉重的书包、繁琐的功课压得喘不过气。一个词可以形容我,那就是所谓的"叛逆"。

老师上门告状的那一天,父亲恰好捕鱼回来。他这次去了特别久,可听母亲说现在鱼也难捕了,得去很远的地方。父亲带着原本就低落的心情听着老师的抱怨。听到后来他的脸越变越红,还不等老师说完,他就抄起架在旁边的船桨向我抡过来。我"哇"的一声哭了出来,赶紧拔腿就跑,逃向门外。

太阳的余晖染红了天空,我哭着喊着,拼命地向河岸跑去。父亲在身后吼着我的名字,他粗犷的声音逆着风震进我的耳朵,我吓得不敢回头看一眼。我粗喘着气,都顾不上抹眼泪了。我感觉身后的一切好像一张巨大的网直勾勾地向我扑来,而父亲就是那片网。我的第一个念头就是跳到河里去,哪知就在我预备纵身一跳的瞬间,父亲那双长满老茧的大手狠狠地拧住我的耳朵,他用船桨打着我的屁股,我的痛苦化作了一声声凄惨的嚎叫响彻了整个镇子。

老师追上来拉着父亲,一边还喊:"老夏!老夏!打不得!"父亲好像谁的话都听不进去,他的脑门青筋暴出,他瞪着满脸鼻涕的我吼道:"你这个小兔崽子,你老子我今天就要打死你!叫你不好好念书!叫你不好好念书……"可打两下,父亲却狠狠地将船桨摔在一旁,看都不看我一眼气冲冲地转头就走,他的背影高瘦地立在天地间。老师看着不停抽泣的我,不禁无奈地摇摇头,低声自语了几句,我听得很清楚。

他说:"造孽啊,造孽啊……"

我再也忍不住了,背对着夕阳下波光粼粼的河水,放声大哭起来。

晚上,母亲帮我上药。我的眼睛哭得像核桃一样肿。尽管她的动作已经十分温柔,但我还是忍不住痛得哇哇大叫。

"哎,你这个孩子,怎么越来越不懂事了。"母亲红着眼,一边帮我上药,一边叹气摇头。我把脸埋入枕头里,一声不吭。窗外皓月当空,偶尔有闹心的云烟趁着黑夜遮住了冰凉的月色。父亲一个人坐在门口的石阶上默默地抽烟,他的对面是一片倾泻着冷月光的银波,河边晾着已磨得伤痕累累的渔网。月落林间,父亲的眼前弥漫着朦胧的烟雾。

夜越来越深,我躺在床上无法入睡,虽然自认为自己已经是个可以独当一面的男子汉,可眼泪还是不争气地浸湿了整个枕头。门口有推门"嘎吱"的声音,是父亲。我哆嗦地抖了抖,被子严严实实地盖过头顶。被窝里黑暗寂静的世界里,我的耳朵收集着来自外界的点点滴滴。猛然,我感觉到父亲坐在我的床边。

时间缓缓地从身边淌过,那么轻,那么轻。屋外传来几声犬吠,在空荡无人的街边回荡了许久。

父亲不知道坐了多久,他的沉默不语让被窝里胆战心惊的我不敢放松一丝气息。我透过点点缝隙看见他的脸,原来的黑发里竟然多出了几丝雪白。他是一个健壮的男人,我从来没有想过他会有衰老的一天。我在心底反复念叨那是月色的反光,可月光怎么如此亮眼,深深地扎着我的眼睛。

父亲叹了口气,缓缓站起身,他的背有些佝偻。我从那道狭隘的缝隙里看着父亲,他走路的速度何时已经变得缓慢起来,他的步子不再阔达。

我默默将头埋入被窝,然后沉沉地睡去。

第二天我起床时父亲已经不见了踪影,问母亲,母亲说父亲去南方打工了,怕是很长时间都无法见面,我的心里仿佛敲鼓一般雷雷作响。母亲叹着气低喃:"都这么老的人了……"我看着她纠葛的目光突然变得迷茫，像是在一条路上走了很久，最后却发现自己一直在原地徘徊。我想起了母亲年轻时候抱着我欢声笑语的样子，现在的她乌黑的秀发被年华无情地揉成了白色。

四季交替，时光流逝，爱我的人都已经慢慢变老。穿过生活的藩篱，我看见父亲那张大网依旧晾在门口那条静静流淌的河的边上。

我走向里屋，接过母亲手里的饲料，对她微微一笑："妈，我帮你去喂猪吧。"

母亲站在原地，看着我。许久，她转身，用手背抹掉眼角的泪珠，然后使劲地点点头。

我这条蜿蜒曲折的夏河终于回到了生命的河道。河水泛着淡淡的光影，化成了一朵朵和煦的浪花，徘徊着，在所有的希望之上照耀着生命的光芒。

（指导老师　沈永廷）

他的笑，他的拥抱

吉林省东北师范大学附属中学高二

王天奇

想念他的笑，想念，他的拥抱。

那一年，我三岁，他二十九岁。那时的他，并不那么胖，但是在我看来是那么的高大。那是我有记忆以来他第一次抱我，他毫不费力气地把我抱了起来，抱在怀中，让我感觉他的胸膛是那么的宽阔，好像笼罩住了整个世界。趴在他胸前，我可以感受到他的温暖、他的鼻息，还有身上那淡淡的味道。睁开眼睛，整个视线里都是他那张大大的笑脸，好像有说不完的喜悦。那时的我很喜欢在他怀里睡觉，喜欢那种他用他的手掌轻轻地拍打着我渐渐入睡的感觉，还处在幼年时期的我，远不懂什么是幸福，只知道能躺在爸爸的怀里就是最快乐的事情了。

那一年，我五岁，他三十一岁。那时的他，依旧年轻，依旧意气风发。他很喜欢抱我，每次下班回家，都会把我抱起来，然后亲一口，再放下。固执的我总是不满足，总让他多抱一会儿，后来感觉这样也不满足，于是又多了一个动作——骑到爸爸脖子上。他虽然工作了一整天身体疲惫，却从不表现出来，每次都会带着我满屋转，每次都感觉天花板离我那么近。我的手放在他的脸上，他的手抓住我的脚，整个屋子里都洋溢着父子俩的笑容。我最喜欢的是每次他把我放到床上那一瞬间，摔在软软的床上，然后看着他满头大汗，两个人又会笑个不停。

那一年，我九岁，他三十五岁。那时的他，已经经历了多年岁月的洗礼，脸上泛起了岁月的沧桑。当然，这一切，当时的我，并不知道。每次放学出来，爸爸在门口一看到我，都是先绽放出那熟悉的笑容，然后迎过来，抱住我，询问我一天的情况。中午不能回家，在学校午睡，开始的我不能适应。于是，爸爸每天中午都跑到学校去陪我，一只手搂着我，另一只手握住我的手，直到我睡着，然后悄悄地走。那时的我并没有意识到爸爸已经不像以前那样有力气，我也不像以前那样轻了，还总是固执地想让他抱我，爸爸也每次都很乐意，都会抱起我，亲一下我的脸颊，然后问一句，爸爸胡子扎没扎到你？然后两个人就一起笑着。

那一年，我十一岁，他三十七岁。那时的他，虽在岁月的磨练下越来越老，脸上也有了皱纹，黑发中也会有那么几根白头发，但是在我眼中，他的胸膛依然温暖，手臂依然宽大，最重要的是，他还是那么喜欢拥抱我。别人的爸爸在他们眼中都是严厉的，但我不同，在我印象中的他脸上永远都挂着笑容，也不会对我发脾气，永远有一颗孩子的心。每次出去应酬回来，看到学习中的我，也都会过来，抱紧我，我闻到的除了他身体的气息，还有一丝酒精的气息，但依然感觉那么幸福。

那一年，我十五岁，他四十一岁。那时的他，早已不是当年的模样，变得胖胖的，有很大的啤酒肚，但那笑容从一张消瘦的脸上移到一张胖胖的脸上时，依旧是那么的温暖，那么让人着迷。那一年，我去外地读书，而他的工作却越来越忙，根本不能陪我。于是他每次抽出时间来看我的时候，都会给我以拥抱。可能不需要太多的话语，因为我们都知道，一个拥抱，足够了。

这一年，我十七岁，他四十三岁。我每天都在成长，他也每天都在变老。我已经长得和他一般高了，但是在我心里，他永远是那么的高大，如果这个世界上有一个人能给我无穷的安全感，让我在任何状况下都不会恐惧，那就是他了。因为我知道，他也知道，无论遇到什么，只要我看到他的笑容，只要他给我一个拥抱，便都会过去。

愿他的笑，他的拥抱，一直陪我到老。

（指导老师　杨治宇）

父亲

浙江省东阳中学高二 陈 蓓

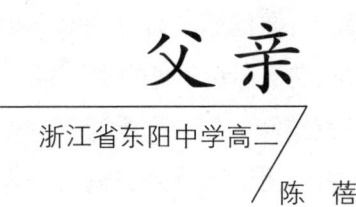

母亲是一寸寸变老的，父亲是瞬间老去的。

这是蒋方舟写过的一句话。初遇这行字的时候，内心竟一下子感觉到了莫名的震动，这每一个字都像是一段如流往事，牵动着我记忆的深处。待我再定眼细读时，眼前不由浮现出父亲的那张脸。

他是时常笑着的，扯得脸上的皱纹又密又深。

我知道，在宇宙洪荒前，我们不过只是浮于尘世的一颗小小尘埃。我们终会老，会死。会有人受比别人更多的伤，流更多的泪，但我们要依旧活得坚定与笃信。

哪怕停留在人世的罅隙里。哪怕身不由己。

我所深爱的。

就是这样活得很用力的父亲。即使他会一样地老去。

一

忘了几岁，只记得二年级。他用那辆破旧的车载着我上了一条散发着泥土香味的求学路。

我生在计划生育管得最严的一个年头，一九九四年。他是人民教师。我有个温婉可人的姐姐。于是他丢了工作，从镇里一级人民教师沦落到了乡间，每个月只有五百块钱工资的代课老师，地位卑微。

只是那时候我并不懂这些。

我问母亲为什么父亲要离开小镇，为什么我要转学。母亲脸上写满难言，不作回答。我没有追问，我知道有些问题大人没有办法向小孩子解释。就像他们没有办法对我说，他们是如此迫切地想要一个男孩，所以冒险生下了女儿身的我，赔了夫人还折兵。

我猜测，如果那个时候他们知道后果，一定不会下这个赌注。因为他们将输得无比惨烈，输得一塌糊涂。他用一生仕途潦倒的代价去换我的生命。

在乡间长大，我并不快乐。

那个年纪的孩子总是活泼好动的，我并不例外。但是我很敏感。我能感觉到那个学校的老师对我不包容。

他们总是笑眯眯地对着秀秀，却绷着脸告诉我在玩的时候不许太吵闹。我以为那是因为秀秀可以甜甜地叫他们叔叔阿姨，而我在面对他们的时候却十分嘴笨，局促不安。当然，我现在已经知道确切的原因了——

秀秀她父亲是教导主任，是领导；我父亲是代课老师。

就这么简单。

所以他们把秀秀的活泼叫作灵气，把我的跳脱归结为吵闹。

看了很多写乡村的文字，那里面的人总是纯朴善良。其实不然，也有势利的，而且还披着因有文化有地位而自觉高人一等的外衣。我实在很难忘却。

那时候我郁郁寡欢。

我想念镇里的伙伴，想念我们一起唱虫儿飞的纯粹时光。

乡村里的夜是漆黑的，没有星光，只是清凉。

父亲就在这样黑漆漆的夜里对我说，小蓓，其实你比秀秀要聪明得多。他刻意放低了音量，原来雄浑的声音变得沉稳而和缓。我记忆清晰。我被哄得很高兴，却压抑着喜悦问他，真的吗？

他很笃定地点点头，脸上洋溢着温柔的笑容，眼角的纹路细而柔软。

我一直记得那个晚上。因为记得，所以发奋。

我在中考的时候证实了他的结论。我的的确确更聪明——单从成绩上说。

我告诉自己，争一口气。只为父亲。

二

父亲一直一根筋。

他认定的事，坚持的原则任谁都无法改变。包括我，他从来都是最疼我的。

我四年级的时候，他在乡里的这所学校生源不足。我父亲失业了。他找了城里的一份工作，把我寄放在了乡里的老师家。一个学期四千块钱，包吃住。

那时候钱没现在这么贬值。那时候获得一致好评的南马肉饼一块钱一个，是货真价实的好吃，现在它四块钱一个，里面还全是咸菜，夹着一点点极像是施舍的小肥肉。现在看起来四千块钱不过北京两件衣服的价格，却是那时候我父亲几乎半年的工资。

那老师是我家亲戚，尽管血缘关系很淡。

我父亲不会做人，也不懂得怎么呵护一个孩子的心灵。他把厚厚一大叠红色纸钞当着我的面塞进那老师的手里。

我知道他是心疼钱的。但比起钱来，他更心疼我过奔波流离的生活。于是他把自己半年的血汗钱就这样塞了出去，眼睛也没眨一下，还极客套官方地笑着。

我实在没有办法描述自己那时候的心情。我宁愿自己不曾存在过。

我上初中之后，他又在小镇里的初级中学谋了生，带着我转学，过比一般学生更稳妥的舒适的生活。我时时刻刻都在他的关注下，他抓我的成绩，更关心我的身体。

他也带学生。原因是我害怕自己一个人睡，我害怕那种安静、那种孤单，害怕没有声音的空洞。同学的父母来找他请他帮忙带孩子成绩，他征询了我的意见之后同意让她们住进他的宿舍，却分文不取。

是的，分文不取。

许是那时候他深切地体会到了作为学生家长的艰辛与无奈。

他把钱塞出去的那一幕在我的脑海里留下深刻的痕迹无法抹灭，恐怕这深刻还不及他对"学生家长"这个有着沉重责任与负担的词语的理解之透彻。

母亲知道之后气急败坏，说他自命清高、自以为是。

父亲没有在母亲面前辩驳一句。

只在我面前说，别人家的钱也是钱，也是他们辛苦赚来的。

他的话从来朴素，而且带着浓重的乡音。我听的时候直想落泪，心里钝钝地痛，我知道我是心疼他了。

任凭母亲如何对他说教，他也没有改变自己的心意。他固执，倔得像一头老黄牛。

他言而有信，他分文没取。

三

从什么时候开始的，本应变得更加成熟的我，居然在上了高中的某天进入了叛逆期。

我反感父亲对我生活的涉足，渐渐不愿和他分享高中生活的琐碎。

我觉得他落伍，开始质疑他说的话是否具有可靠性。

所以——

现在想起来，那道蜿蜒的蓝弧或许是上天对我的一个警醒。

那是一个雷雨天。在夏季，这很常见。

我关了电脑，在无聊与无奈参半的心情中下了楼，和他一起站在窗前看乌云翻卷。彼此无言。我记得已经很久很久没有和他认真地谈心了。他没有主动挑起话题，我也没有。

我站在微微靠后的位置，看他的背影。

他一向挺拔的背竟有了些微的弧度，原本浓密乌黑的发中隐约可见的白丝那么刺眼地撞进我的眼眸。我忽地哑然。

窗外阴霾密布的天空依旧阴暗，瓢泼大雨落地的铮铮声响在天地间久久回荡着。

我微微上前，凝视着他早已不复当年的侧脸。曾几何时，皱纹已经悄然攀爬满了他的眼角，居然那么多，那么深刻。像是被岁月无情洗涤后的裂纹，又像是在人世跌跌撞撞的无奈沉淀。

我半张了张嘴，本想说些什么。忽然，一道闪电像极了失控舞动着的蛇，肆意地蜿蜒在我眼前近乎透明的玻璃前，显得凌厉而可怕。突兀的巨响"砰"地在我耳边爆炸开来。

我被刹那惊醒，近乎本能地往后退了一大步，失魂落魄。

而父亲，出乎我意料地，也近乎本能一般地，往前一伸手拦住我。他本能地用自己的身体挡住了我。

我吃惊，大吃一惊。

我惊惶，我……不知所措。

我的心，我的叛逆之墙就那样被那道蓝弧掘开了一个极小的缺口，然后被父亲身上散着的、淡淡的清芒给照耀得土崩瓦解。

我突然觉得我很不孝。我自私。

更多的，被父亲的本能所感动，所温暖着。

我这才知道，原本在父母的心里，儿女是大于天的。与儿女相比，一切的一切都那么微不足道，包括他们自己的生命。

那一天我还是沉默着什么都不曾说。不是不想说，只是不知道要如何去说。

我要如何去说我错了。

如何去说，父亲，我总觉得有你站在我的身边，不管多远的地方我都能够到达。

四

父亲。

我错过了你骤然老去的那个时刻。

所以我会在我余下的年岁里用尽孝顺去偿还。

（指导老师　孔瑛英）

告别　　　　　　　曹文钰
约定　　　　　　　李　蓁
浅笑无痕　　　　　官亚琦
学会告别　　　　　朱烨鑫
远方的快递　　　　潘　芸
温暖的记忆　　　　常心睿
紫藤花　　　　　　周卓君

第四辑
岁月的约定

告别

上海华东师范大学第二附属中学（紫竹校区）高二

曹文钰

我想我大概真的就要十八岁了，很快，毕竟没有人抵挡得住时钟往前走。

以前我从不抗拒十八岁。以前只是单纯觉得十八岁的话很快就高中毕业了，有时间画画了，去旅行了，去寻找真的"灵魂伴侣"了。小时候觉得十八岁自带魔咒，好像从那之后人就会突然长大，变得好看，生活也七彩多样。

但又好像不是，"是错觉吧"！看着小时候天真的日记感叹！我要十八岁了，但现在身陷数理化好像麻木了，生活没看到什么翻天覆地的变化，每天浑浑噩噩患得患失，"我……长大了吗？"

窗外太阳很好，鸟儿立在枝头，它们有清脆的好歌喉。我突然想起小时候就是觉得鸟儿叫声很好听，才"哀求"父母让我养了两只鹦鹉。当然，一开始是我拍着胸脯保证，一天喂两次食，换一次木屑和水。但逐渐都是我母亲亲力亲为，至于我，不闻不问以外，甚至残酷的是，没多久我便觉得它们早上的鸣叫是吵闹的。我不再"喜欢"它们了。只记得父母把它们照顾得很好，最后，放生了。这么说我还养过两只兔子、若干缸小鱼、一只龙猫，都半路脱手，最后死在我家阳台上。是个"坏透了"的人呢。至少有一点我确定，即使我现在再想养猫，也暂时不会动手了。我知道我给不起它们幸福，它们值得更好的……

这么说来，我大概终于懂了，"爱是想要触碰但又收回的手"吧。"对吧？"我企图问窗外的鸟，它沉默了。

大概就在上个星期，我们班主任主动回避，邀请一位没比我们大多少的实习老师谈"早恋"的问题。她说我们要十八岁了，有些事情要慎重一点。

我以前是个极其喜欢童话故事的人，比起标新立异的结局，我就是偏爱"俗套"的大团圆。小时候大人夸你爸爸真好，我就说"那我也要嫁给爸爸"。现在我发现爸爸果然更爱妈妈一些，出去散步我永远都是落在后面的。初中时我说我要找长得好看、有学问、礼仪周正……的男孩子，像少女漫画最泛滥的情节和他在神社下躲雨，在天台上午睡，谈一场让大家都羡慕的恋爱，轰轰烈烈的那种。现在想来真是痴人的白日梦。现在的我坚信"门当户对"，该学习的年纪好好学习。许多人总瞧不起高中生谈情说爱，但我觉得别小看我们呀。虽然我从未以身试法，但纵观四周总是让人感慨的。

我，要十八岁的人了，现阶段认同"安全感、和谐幸福，当它们相加时，会形成像极了爱情，几乎就是爱情，但绝对不是爱情"。《罗密欧与朱丽叶》这样平凡而壮丽的爱也好，《痴人之爱》里爱到极致是疯狂的扭曲也好，总之，我是憧憬又畏惧的。比起"年轻"时看到的所谓"爱"光鲜亮丽的地方，我更在意人是怎么从喜欢到爱，并献身于其中。在这一点上毫无疑问，和过去的我背离，越走越远了。

突然，又发现我"精明"了一点，也清醒了一点。

我感谢年初一个契机，一条让我难过了整整两个月，现在也意难平的消息的发表，让我真切明白什么叫"抓紧时间"和"遗憾"。和平往往只是表象。逐渐地我开始大幅接受一些遗憾的存在，和修正带没必要哪里都用。比较特别的是我好像对自己的就业突然有了灵感，以前有人对我说"我决定成为医生"，我只是当玩笑，而当看到她开始在生物竞赛上努力，看医学书籍，我意识到这不是玩笑，我也没资格笑她，梦想是很漂亮的东西。做职业规划时大家都井井有条的，就我很迷茫的样子，"我大概进错了学校，他们太认真了。"我安慰自己，却也担忧。现在的我终于有头绪了！不再每天像没睡醒一样，有了想进的学校和憧憬的就业方向了。以前那个社会课上发呆的我，被我可算甩到后面去了。把这事告诉父母后，他们也感叹我终于也可能有出息了。

这样仔细数了数，我还变了蛮多的。

但我不是个别扭的人，时常会厌恶自己的言语和行为。从前羞于把不实用的一面给别人看，现在或许也接受了。对，十八岁不是什么立即奏效的魔法，是一只在后面追赶着你跑的怪兽。

从前，我以为十八岁后的世界是"完美之地"。我为了追寻朝霞、夕阳，目睹伟人的英姿和英雄的背影向前跑，但现在我突然想停下来了。我想我在之前的某一天和自己说过"珍重，再见了。你去完美之地好好过，我去别处看看，有缘会合，在仙境里"。

我想我已经踏上岔路口了，已经拿出指南针与电筒，做好了探险的准备。后面是犹如洪水猛兽一样的怪物，我要再坚持逃一会儿呢，十七岁还没过够呢，我想。回头看，另一条路上也有人同我一样告别之后全速前进，完美之地又能算什么呢？不管那么多了。

约定

上海市晋元高级中学高三
李 蓁

多年以后，当夏至将对手摔在擂台上高举着双手欢呼时，总会想起那个她和小雪在泥地里仰望天空的下午。

夏至，顾名思义，生在一年中最炎热的季节，似乎是出生时的太阳给予这个女孩无尽的活力。夏至从小便是孩子王，无论她的手下是小男孩，抑或是小女孩。作为孩子中的领袖，夏至小朋友的拿手技能，就是打架。

对，打架。

如果说别的孩子打架是为了抢夺一样东西或是争执得红了脸，夏至的打架理由就十分特别了——她只是喜欢打架，仅此而已。

这天，夏至带着自己的"小弟们"浩浩荡荡走在幼儿园的游戏区里，远远便见到滑梯下一个女孩蜷缩成一团，前面站着一个胖小子，指着那小小一团奶声奶气地装着恶霸——虽然自己也只是个小不点罢了。

作为"带头大哥"，夏至当然见不得女孩子被欺负，冲到那一团人前就用自己的拳头招呼在胖小子脸上——至于是不是趁机打架就只能问她自己了，我想，大概是。

结果当然显而易见——一个养尊处优的"大小姐"和一个在江湖"混迹多年"的老油条，孰胜孰负不必多说。那胖小子肿着眼，指着夏至的鼻子大骂"男人婆"，呜呜咽咽地跑开了。

"臭小子，爱哭包！"夏至冲着那背影做了个鬼脸，拉起在角落蜷着的一小团，"别哭了，你叫什么？"

"小雪……"那一小团团子露出了一个头,眨巴着眼睛,甚是惹人喜爱——难怪那爱哭包要欺负她,夏至愤愤地想着。

这,就是夏至与小雪的相识。

夏至与小雪,不仅出生差了半年,性格也是天壤之别。在学校这个小社会里,谁不知道大姐头夏至和她身边的定时器小雪。这定时器的意味——当然是拦着夏至不让她闯祸。

"夏至,你就不能消停会儿么?"小雪拿着本书,轻拍在夏至头上,"这女孩子家家的别跟比你厉害的男生打架,受伤了怎么办?"

"没事儿,没人打得过我!"夏至满不在乎地挥了挥手,挺起她小小的胸膛,"我可是要成为摔跤能手的女人!"这也怪夏至父亲,喜欢看摔跤却被夏至偷看个正着——堂堂正正打架还不用赔礼道歉,天下哪来这等好事!

"是,是。"小雪合上书,从沙坑边的花坛上跳下来,"我们夏至会成为打遍天下无敌手的最强摔跤冠军!那摔跤冠军,我来试试你的实力!"

"打哭了别怪我!"

女孩儿们滚作一团,谁都心知肚明似的,只是互相推了推,最后瘫在软软的沙坑里,伸出两根小手指拉在一块儿:"拉钩!"

太阳将这两根勾连的小手指的阴影投射在地上,那是女孩儿间的承诺。

但是,就如同所有的晚间八点档的狗血剧一样,生活往往比狗血剧狗血得多。小雪的性格没少为她招来各种调笑,甚至欺负,小孩儿的心有时比大人更狠。当着大姐头的面,便不敢作声,但大姐头背后,搞点小动作总还是容易的。

这是小雪第五次被一帮男生围住了,为首的是个瘦猴儿似的男生,坏人的标配,盯着小雪露出阴森的笑:"明天带五十块钱来,不然有你好受的!"小雪挣扎,那男生掐着小雪的手腕子,白皙的手腕上立刻出现了一道清晰可见的勒痕。

当然,这道勒痕落在了夏至的眼里,夏至盯着那红痕良久,不发一言，小雪被盯得发怵，收回了手。

第二天，小雪就听见，夏至出事了。

准确地说，是那个"瘦猴儿"出事了，被下手没个轻重的夏至送进了医院。小雪进了班主任办公室，那里站着梗着脖子的夏至和她的父母。

"对不起老师，小孩子不懂事，给您添麻烦了……什么？转学？还要记过？"

转学？这二字落入小雪耳里恍若晴天霹雳，转学之前会被记大过，将跟着夏至一辈子……小雪不敢往下想。

"老师，是我不好，如果我转学，可以不记夏至的大过吗？"小雪知道假如她转学，校方一定不会再追究。

一切就如同小雪所想，小雪转学了。转学前最后一节班会课，小雪望着底下咬着唇欲哭出来的夏至，上前轻轻抱住她："不是你说的吗？女孩子不要哭。你是这个世界上最好的摔跤选手，以后不要再打架了，摔跤可不是打架。"

离开班级的最后一刻，小雪笑了，望着眼眶盈满了泪水的夏至，只是比了一个口型，便转身离开。

"再见。"

告别，从不是为了永别，是为了更好地再见。

夏至怔住了，她明白自己心里被什么敲击了一下——一记重击。

小雪离开了，夏至的生活不再有她的影子。夏至终于向家人表明了自己的梦想——成为摔跤选手。

"你一个女孩子做什么摔跤选手？"

"女孩子就该学学人家妞妞，弹琴唱歌，你去摔跤像什么样子？"

"没个女孩子样，摔跤是男人干的事情！"

夏至一言不发，冷冷地望着自己朝夕相处的爷爷奶奶，生她养她的父母。

家里的门被重重推开又关上，隔着心碎的女儿与气急败坏的父母。

"再见。"夏至在心里默念，望着家里的灯，觉得是那么刺眼。

夏至成了一名真正的摔跤选手。在她流落街头时，一只温暖的、纤细的，却布满了老茧的手扶起了她，那只手充满了力量，夏至向往的力量。

"你愿意成为摔跤选手吗？"

那只手，来自一位退役的女摔跤手，曾经的冠军。

"孩子，听着，我们做摔跤手的，经受了太多男女有别的流言蜚语。从今天开始，你面对的对手，不再是人。我们所有女摔跤手的终点，是将这些有色眼镜碾碎！"

那是她在冠军的家里上的第一课。

夏至的天赋使她成了一颗耀眼新星，像夏至的太阳，火辣得烫人。

最新一届的摔跤比赛，夏至终于战至最后的决赛，面对着老到的对手，身边都是对一颗新星陨落的感叹和为对手卫冕的呼喊，一如当初她的家人于她。

罢了，我终究做不到的……没有人愿意支持我。夏至的眸黯了，手上的功夫也弱了，被逼至角落时，夏至听见了一个被人群淹没的呐喊。

"夏至！我们约定过的！"

夏至愣了神，熟悉的声音融化了被冰冻太阳的霜。她是夏至，从不曾低过头的夏至，无论是梦想，抑或是世俗的男女之别。

"对不起。"夏至低喃，一抹不易察觉的微笑挂在唇角。

哨声起，巨大的人影倒在擂台上，站着的是一个年轻小巧却充满力量的女孩儿！

夏至捧着奖杯，望着黑压压的人群，迫切地想找到那个熟悉的身影。

驰骋战场的战神失败了。夏至垂下眼眸，嘴中呢喃了一句。

"再见。"

沉默过后，依然是一句：

"再见。"

浅笑无痕

福建省南安市国光中学

官亚琦

当记忆中的湿润又一次沾染了西湖之畔的离歌，当朦胧的月色又一次浮动频频过客疏离的神色，当纷杂退去，是否还会有人想起那夜，那歌，那浅笑，那落寞？

她始终是笑着的，带着水光，恬淡而落寞，像静静开放的百合。他因她的目光而闪烁，因她戏改友人的词作，因她流露的芳韵。

这一幕邂逅来得炫目，来得猝不及防。

然而，她不曾启唇；然而，他不曾停驻。因为她只是西湖之畔的卖笑歌者，而他，却是名满天下的太守。她无力挽留，他不曾相守，因为她的卑微，因为他的身不由己。于是，她只留一抹轻浅的微笑。

没有歇斯底里，是因为，那比歇斯底里更来得穷途末路。

这笑来得简单而决绝，这笑来得无怨无悔而义无反顾。也许于她已是足够，爱情本是一个人的感受，付出的本身已是一种收获。她不要重金赠予，她不求相陪长久，只求那初见时澎湃于心的炽热与飘荡于眉间的温存。

爱，让人卑微到尘埃里，在尘埃里开出一朵花来。

只是，在他的生命里这样的女子太多；只是，在他的生命里没有这样的情结。也许于他有过一瞬悸动，但，惊艳不过一时兴起，赞誉只是单调生活的调剂。他想，他只是她的过客。这样的过客，何止千千万，他不过是其一。

于是，他站成一种置身事外的姿态，殷切地用几百年前的诗句点化她，自以为是地用那"老大嫁作商人妇"的惨淡劝她。

于是，她落发。这一刻，她说不清心里是什么感受。她开始相信，爱，会随时间变淡；恨，也一样会模糊时间。她恍然，如释重负般，带着浅笑长伴青灯，永伴佛影。

一世甘愿。

因为她是琴操，因为他是苏轼。只余那浅笑飘荡于西湖之上，朦胧之歌者与行人。

"细雨湿衣看不见，闲花落地听无声。"或许，在他心里，她只是细雨，只是闲花飘过荡过眼前终不闻不见。她的浅笑不过是这喧嚣世间暗藏的一缕宁静，终究换不来只言片语的提及或是一眼怜惜的凝望。

时光易逝，西湖之畔到底消逝了多少这般决绝的女子，到底封存了多少美丽的初相见，到底埋葬了多少黯然的寂寞过往。

上苍伸出手来，随意拨乱命运的棋盘，而人们，只能无奈不甘被玩弄于股掌。

许多时候我都在设想，若她与他没有相遇，该有多好。她仍是心海宁静的歌女，无心无情才能随心所欲，没有人会丢下她决然离去而留得她一人在身后疼得直不起身来，没有人会在伤过她后让她的心画地为牢，再不愿抬步。而对于他，他依然风流潇洒，依然名动天下，不过是少了一个温柔似水的红颜知己，惊鸿一瞥后便抛诸脑后，不复忆起。于他，似乎无甚改变，只能苦笑："多情怎被无情恼。"

当破晓的光晕驱散西湖之畔的水汽，当混沌的尘埃又一次隐没在潮动的人流之间，当一切暴露在阳光下，再没有所谓的歌者与行人，她不再是湖畔的歌女，而是那清冷山寺中的尼姑。她不再拥有那傲人的才情，她不再是谁生命中的点缀。

他仍是他；而她，也不再是她；他们，已不再是他们。

浅笑无痕，只留一抹寂寞……

（指导老师　张冬梅）

学会告别

上海市川沙中学高二 朱烨鑫

"告别"比起"送别"而言更加决绝，少了缠绵悱恻的犹豫，但这份果决却更令人叹息。我们害怕告别，殊不知"告别"是我们人生中必学的一课，我们在一次次伤痛无奈的"告别"中成长。

细看人的一生，虽然每个人的人生列车驶向的终点不同，但火车的轨迹上总有几个非停不可的站台；我们虽心怀不舍，但却无可奈何地抛下一些什么来迎接未来。

初尝告别滋味

当我们来到这个世界，尚未睁眼却感受到了暖意，那是母亲的手温，对于未知世界我们好奇又惶恐，而家人们轻轻拥抱着、柔声安慰着啼哭的你。当你无助时总有双温热的大手牵引着你，当你哭泣时总有人会热情地拥抱你，用心头炽热温暖你，我们懂得了什么是"爱"。

对于孩童时的我们习惯于待在熟悉的环境里，当我们被父母送进小学，铁门缓缓关上，父母被隔绝在外，无论来时路上父母叮嘱了多久，仍会止不住地大哭，那时候的我们虽不经人事，却不愿与父母分离，我们一个劲地号啕大哭，但往日宠溺的父母却视而不见，无动于衷，决绝地转身离开。无论我们哭得再狠也始终不回头，哭累了的我们似乎明白了什么，背起书包走向教室。

对于我们，那一天的哭泣和悲伤是酸涩铭心的，我们初尝告别滋味，有些懵懂不解却也最终脱离了依赖父母的自己。"告别"是为了走上一个新的阶段，走出小世界认识更多的人。

再尝告别滋味

当我们进入学堂，初时虽有彷徨无措，但会因为认识的新朋友和老师而逐渐适应。小学五年，中学四年，"小升初""中考"那是一个阶段的转折，却也是一场无言告别。我们与在此学习了多年的母校，与教诲我们的老师告别，与我们相伴走过漫漫韶华的好友告别。

考试结束后回程的路上满车寂静，落下笔的那一刻我们与过去告别，尔后各奔东西。我们各自的人生轨迹不同，虽有喜悦有交集却仍要面临分离。毕业典礼上我们紧紧相拥而后离散，我们与过去的回忆告别，与相伴多年一同学习成长的好友告别，与守护了我青春时光的母亲告别，各赴征途。

少年时，我们再尝告别滋味，虽恋恋不舍，却鼓起勇气挥别过往，将回忆埋藏心底，尔后整装远行。告别是为了追寻更好的自己，去往新天地。

告别是为了更好地遇见

父母希望子女们能常在身边，一方面为了缓解思念，另一方面也是为了能更好地照看自己，更放心。而我们却向往外面的世界，想打破固有的舒适圈，无畏外界的狂风巨浪也要勇敢地去闯。于是当填报高考志愿时有些人会选择外地，想去看看外面的世界。"儿行千里母担忧"。父母对子女的爱护之心情真意切，但我们虽不善于和父母分别，却也想变得独立，于是背上行囊毅然远行。

身在外地没有父母的叮嘱照顾，初时总会跌跌撞撞，但只有经历生活的磨练才能蜕变成长。青年时我们背上行装毅然远行，打破了固有的舒适圈，与父母告别迎接生活的历练，在这样的独立生活中尝到了甜酸苦辣、人生百味，洗去锋芒外露与骄纵妄为，变得沉稳自律，最终蜕变成长。

告别是为了更好地珍惜

因为"告别"才会珍惜。美丽的人和事物有一天也会物是人非,也会老去甚至离开才会让人们更珍惜现在,更珍惜我们拥有的。

人有生老病死,这是人们所共有的宿命。稚子时我们从未想过老死,但当年龄一天天增加时,我们长高了,曾经对于我们像参天大树一样高大的父母却变得矮小苍老,这时候的我们懂得了人们会老去。亲近的长辈脸上的斑多了,眼睛花了,头上的银丝也数不清了,身体机能逐渐退化。当我们望着常卧病在床的他们时,明白了"死亡"的含义。人有生亦有死,就像故事有开头也会有结尾,人们总要经历悲欢离合和生老病死,无法逆转更改。我们要学着与亲人告别,这是人生中最痛的告别,铭心刻骨。

我们无法避免告别,我们所能做的是把握现在,珍惜所拥有的幸福,多一些感恩和爱意,少一些叛逆和冲动,珍惜我们的小确幸。

我们要学会与过去的旧我告别,迎接未来。

我们要学会与回忆告别,将它封存于心而后迈步远行。

我们要学会与舒适圈告别,打破常规去看外面的世界,最终获得蜕变与成长。

我们要从告别中学会珍惜,珍惜现下所拥有的小确幸,用尽全力去爱、去过人生的每一天,不留遗憾!

远方的快递

上海市杨浦高级中学高一

潘 芸

她的快递到了，只不过，是在很遥远的地方。

接到电话时她有些诧异，认为自己按部就班的生活不出意外就不会插入别的色彩，她似乎也乐在其中，因为每天每月每年简单的重复生活也没有什么不好。

但这确实发生了——她的快递从忙碌奔波的电瓶车上匆匆滚落，像是要逃离这场无止境的奔忙，而又凑巧被那个男生看到了，他便循着快递单上依稀可见的号码拨了过来。

依她的性格，本应不会去，懒在其次，最主要的制约因素是"社交恐惧症"——是这么称呼的吗？但那偏偏是一副耳机，很简单的纯白色耳机。她原来的耳机出了点问题，播放歌曲时那不时划过的电流声扰得她心烦。耳机又是她生活的必需品，为了能在每天上下班拥挤的地铁上寻一个容身之地，为了给这灰白的世界注入一点新鲜血液——看上去是的。这样的因素成了她出门的动力。

说遥远是没错的，半小时的地铁，下车还要走个十来分钟。踩在绿色的六月上行走，夏至快要到了——那是白昼最长的一天，彼时太阳直射点就会慢慢地往南移。她是学地理的，这一点她非常清楚，只是没有那么在意。但初夏的温度真实地笼罩着她，鼻尖的汗珠在阳光下闪耀着，到达时抑制不住微微的喘息。

这一带没有多少行人，短暂的对视过后他们随即认出了彼此。

"我喜欢你的发型。"

她抚了抚自己的头发，是黄棕色的卷发，许久未做修理，已经过肩了，发根也长出格格不入的黑发。她笑说，谢谢。

"还有！你的姓氏真的很罕见哎！但是我会念！"男生露出骄傲的神情。不过这确实是一件值得骄傲的事情，第一眼就会念她姓氏的人不多，她姓皋。

她不是很适应这样的开场白，与她接触得比较多的"今天天气很好"这样礼貌的套话大不相同。她极力地寻找着接下去的话。

"你打算去哪，还是就随便逛逛？"

"医院。"他往北方指了指。她对这一带并不熟悉，不过那里好像确实有个医院。

"去看家人吗？"

"不是，我自己……癌症，晚期了。"

这个名词她耳闻多次，通常在电视剧里为了制造离别而出现的。但它现在就出现在身边，她心乱如麻地低下头，嘴巴微微张开却不知要落到哪个字眼上。

"我赶时间，先走啦。"男生见她不语，打破了尴尬。

"嗯。"她匆匆瞥了他一眼，眉目间的清秀亦抵挡不住苍白的脸色，脸上却依然笑开了花。

她立在原地，脑中反复念叨"2018年初夏，天气晴，遇到了一个男生，印象为'热爱世界'"。

是什么驱使他选择停在街边，等一个她这样消极生活的姑娘呢？

能远远望见生命的终点，却依然对这个世界充满热爱。他眼中的世界是什么颜色的呢？

准备拆开快递的手停住了，她想从音乐的世界中暂时地逃离一会儿，就一会儿。

那是白昼最长的季节，花木繁盛，万物生长，浅斟低唱。那是她今年第一次看到初夏。

不久后的某日拨那男生的号码，说已关机。再后来拨也是如此。她隐约有种不好的猜想，但随即又想，他热爱着这个世界，世界也会为他留下一席之地，永远。

他的模样在她的脑海中已经逐渐模糊了，她只记得，在那个初夏，那个人教会了她勇敢地生活。

（指导老师　张黎明）

温暖的记忆

广东省广州市第六中学高一
常心睿

一

他坐在舒适的办公椅上，眼神空洞地望着前方。忽然"吱"的一声，办公室的门开了，王秘书走了进来，手里捧着一叠薄薄的纸。

这时他的眼珠才稍稍灵活起来，盯着那叠纸问：

"那是什么？"

"是今年的公账，请您过目，啊，对了，这是今日的新闻。"王秘书说着，便将那纸和一块同样薄薄的平板电脑放在了他的面前，转过身离开，带上了门。

他百无聊赖地打开平板电脑，瞬间便有一则新闻赫然映入眼帘。

"嗯？什么？霁城某小学一老师虐待学生？"他瞪大眼睛，直勾勾地盯着屏幕。"太没有人道了。"他一边愤愤地想，一边关掉了这个页面，又有一则新的展现在他的面前。

"这个板块倒蛮有意思……"他眯着眼睛看着，"'温暖的记忆'？不错，呵呵……"他边看边自顾自地笑了，自己的思绪也回到了若干年前。

二

那个冬天，在他的父母苦苦思考了一个夏天后，他终于上了小学。但其时学校里学生和老师都少，条件也恶劣。

那是一个雪天，他早早起了床，套上厚厚的破夹袄，拿上一个馍，独自行走在漫天雪白的崎岖山路里。走到学校，他的脸早已冻成紫红色，双手也僵得捂不住自己呵出的单薄气息。这时他便极度渴望能够得到哪怕只是一丝微弱的暖意。

他默默地走进校门，忽然被人轻轻地挡住了。一双干燥却干净的大手，正温柔地搭在他的肩膀上。他抬起头，正和一双澄澈的眸子对上。那眸子对他笑笑，然后用那双干燥的大手在布兜里摸索着，摸出一个热乎乎的红薯，放在他的手心。他惊讶极了，一句话也说不出，拼命感受着冻僵的手中那丝微小的暖意。同时抬头看了看那眸子，她通红且干燥的脸上荡漾着纯净的微笑，也在慈爱地看着他。然后，便拉起了他的小手，说道：

"走吧，我们进教室里去。"

一些细节已然忘却，然而他却记得那个双眸如溪水般澄澈的老师。她微笑着站在讲台上注视着教室里寥寥无几的学生，说，她是我们的新老师，大家以后可以叫她小米老师。

然后，她便在黑板上写下一个个翻飞的汉字和句子，逐字逐句地教着。教了什么他早已忘记，他记得的，只有那个红薯的热度。

三

王秘书又进来了，看到自己的上司专注地盯着屏幕，她便不动声色地走上前去。

"亚总，会议马上就要开始了。"

"啊。"他抬起头来，"好的，我知道了。"

会议的内容十分无聊，无非还是以这个钢筋般的社会为根基，各种金钱与利益盘曲在社会之上，渐渐地，仿佛要形成一棵巨大的树。他兴味索然，只是照例应付了几句。然而在会议结束之时，却忽然不知有谁说了句：

"看今天的新闻了吗？霁城某小学老师虐待学生。事情闹大了可不好啊！有损我们市'文明城市'形象。"

"是啊！对我们这里也不利呢。"

他想了想，想要插话却忍住了。的确，不管是什么领域，不管是谁，总会顾忌有损自己利益的事，而一切，都是为了谋取自己利益而存在的吧？想到这里他不禁感到有些悲哀。那么自己呢？昔日的温暖早已变得冰凉，他想继续沉浸在那温暖的记忆中，却不承想自己早已被冰冷的现实所吞噬。

四

他恍惚起来，眼前仿佛出现了一棵结满苹果的大树，那苹果晶莹透亮，红得含蓄而不艳俗，似乎一碰就会通通掉落。忽然，那苹果纷纷掉落，通通碎裂在他的梦里。

那一年盛夏，因为他作业写得认真，攒够了十朵小红花，小米老师便送给他一个红彤彤的大苹果。苹果表皮上透着朝霞般的绯色，晶莹透亮，红得含蓄而不艳俗。他高兴极了，双颊上布满了和苹果一样的颜色。然而虽然嘴馋，他还是忍住了吃掉它的欲望。他想先将它藏起来，他舍不得吃。

藏在哪里呢？怎样藏好呢？他思索了半天。终于，他想出了一个绝妙的办法：将它埋在自家后院的地底下，等到明年，这一个苹果就可以长成一棵苹果树，结出更多苹果。到时候他也该小学毕业了，他思索着将这些苹果全送给小米老师。

接下来的日子里，他每天都在期待着。日复一日，一年很快便过去了。然而他家后院的地上却什么也没有长出来。他渐渐感到失望和焦躁。有一天，他实在忍不住了，拿起铲子在原先埋苹果的土地上挖了起来，结果只挖出了泥土和果肉腐烂的残骸。

他彻底失望了。后来的每一天夜晚，他都在梦里见到了一棵苹果树，正在摇晃着满身的果实对他微笑。

告别老师那天，他哭了。小米老师可谓他的启蒙老师，像妈妈一样，总是无微不至地关怀、鼓励、包容着他。想到以后再也见不到和善亲切的小米老师，他便难过不堪。小米老师依旧微笑着，和那年一样，用澄澈的双眸慈爱地注视着他，祝福他有一个辉煌的前程。

他考上了县中。这之后他才知道怎样才能种出苹果树。

五

"笃笃笃。"敲门声响起。

他从镜片后抬起眼珠，只见又是王秘书。

"小王，公账你似乎处理得不够好啊。上次吃饭的费用是怎么算的？顺便说一句，客户好像有些不满的样子呢。这样下去可怎么办？这会牵连到你的工资问题哦。"他将那几张薄薄的纸拿在手上轻挥着，靠在椅背上说道。

"啊……"王秘书的额头上渗出一层汗来，"实在不好意思，亚总。是我办事不周，我再拿去校对一下吧。"

"咔嗒。"王秘书出去了。他闲着无事，又打开了平板电脑。

"霁城某小学虐待学生的老师已被判处……"

"啪。"他按下按钮，关闭了一切。不知怎的，他的心里似乎有种莫名的轻松，闭上双目，也是如平静的湖面一般的死寂。他看见眼前没来由地浮出了小米老师的形象，她静静地注视着他，然后消失了；接着一个热乎乎的红薯，正在冒着白色的热气。他极力想握住那缕温暖，但那些记忆的碎片却在他脑海里倏地一闪而过。忽而又看见一棵结满黄金的大树，正在摇晃着满身的金光，向他微笑。

紫藤花

江苏省常州市高级中学高一 周卓君

落花飘散在墙边，粘在路人的鞋底，就仿佛走遍了全世界。

墙里的古筝曲，优美，高扬，拼凑成一道道五线谱，飘上蓝天，为云儿增添一丝乐感。

墙外的少年，默默地走过，举手轻扶，似乎触摸到了音符……

——题记

紫藤花

我是一朵挂在墙上的紫藤花，每天静静地看着这无人的小巷，默默地记录着眼前的所见，直至枯萎，听奶奶说，我们花儿啊，要是能有缘见证一段爱情，便能升到那云儿里面，成为花仙子呢。我仰望天空，云儿飘啊飘，让我遐想……

这高高的墙里，大概是个富贵人家，进进出出都是名贵汽车，抑或是穿着贵气衣装的人。而每每到傍晚时分，这个家的小姐便在靠窗的地方弹着古筝，曲调悠扬，我和姐妹们听着仿佛都醉了……

突然某一天起，无人的小巷便有了一个常客，一个少年。可能是去练球的吧，总是背着一个篮球，笑起来一脸阳光、十分英俊的样子，我都仿佛要喜欢上他了。不知何时，他也注意到了那优美的古筝曲，每当走到我所在的墙下时，都会驻足，听着那天籁。我看着他的脸，他也仿佛醉了一般，原本就应该这样下去的，这样两人就不会受到伤害了罢，可是……

也许是天意如此，让他们说了第一句话。

又是一个傍晚，当古筝声缓缓传来时，天下起了微微细雨，转眼间，雨势渐大，在墙垣下的我们也受到了雨水的冲击，变得狼狈不堪，茫茫的雨滴洒落在大地，使得远处的景色似乎都被蒙上了一层灰色的薄纱。突然，从茫茫雨幕中冲出一个身影，一手抱着球，一手挡着雨冲到了墙垣下，略长的头发贴在轮廓分明的脸庞，大雨中仍然如阳光般灿烂。不知过了多久，少年便渐渐沉浸在古筝声中了，忘却了雨水，忘却了一切。

古筝声悄然停止，我突然听到了犹如天籁般的甜美声音："你好呀。"窗里探出了少女的半个身子，漆黑的长发映衬着雪白的脸庞，在这傍晚时分的落雨中显得格外凄美。少年愣了愣，转过头，被雨水打湿了的面庞，挡不住眼中的光彩。

"你需要雨伞吧？"少女轻轻问道。

"嗯。"少年点点头，眼睛一刻也离不开少女的脸庞。

"我借给你吧。"少女被看得似乎有些害羞，雪白的面庞升起两片红云，就像那天边的晚霞，纯澈无比。

一样是雪白的伞，撑开后，渐渐飘落，在雨中显得弱不禁风的样子，伞飘呀飘，飘呀飘，准确地落在少年的手中，替他遮住了雨滴。

"谢谢！"少年微微笑着，"我会还给你的。"说罢，便小心翼翼地撑着伞，渐渐远去。少女看着少年的身影，仿佛痴了一般，忘记了雨水已经打湿了她雪白的衣服。

离开

然而少年却再没出现，一连几天，我都看见少女心急如焚地伏在窗台。我知道，少女心急的并不是雨伞，而是少年，每每到傍晚时分，少女便会出现在窗前，轻声叹息："他，忘了我么？"听着这叹息，我心底不知为何一痛，我知道，其实女孩早就喜欢男孩了，可是……

直至有一天，墙里突然很吵闹，刚开始我也不知道，只听见个天籁般的声音在乞求着什么，然而得到的回答却是否定的。后来，我看到一辆辆车载着少许家具渐渐远去，我才明白，原来，少女是要搬走了。我的心仿佛也急了起来，不停地祈祷少年快快出现。就在最后一辆车消失在最后一道巷口时，另一个巷口出现了一个奔跑的身影，跑得是那么急，那么快。可是一切都迟了，少年的脸上依旧带有微笑，眼中依旧存有光彩。原来，他什么都不知道……

少年孤身一人站在已经空无一人的大房子前，似乎感到有些惊讶，而后便是哀伤。一切，早已迟了么？

傍晚的晚霞映照着少年落寞离去的背影，就像少女的面庞，哀伤、孤寂。墙角下的白伞，静静地，躺在地上，被晚霞映得别样红润。和我，一朵小小的紫藤花，一起见证了这段，哀伤而又凄美的爱情……

少年最后的日记

（一）

不知道为什么，我近来心里越来越不安，总想快点将伞归还。可是，父母却在闹离婚，家里的一切琐事烦得我狼狈不堪，我不想以这样子去见她，那个紫藤花一样的女孩……

（二）

今天，我整理好了心情，看着桌上那把雪白的雨伞，似乎就是她在对我微笑。明天，我就可以将它归还了，明天，就又可以见到她了，心里真高兴……

（三）

她离开了……房子空无一人，再也无法将伞归还，再也听不到那古筝天籁般的声音了罢，只剩下墙上的紫藤花，犹如女孩失望的眼神，看得我心痛。离开吧，忘却了罢……我将伞留在了那里，希望，它能和墙上的紫藤花相伴，不像我……

少女最后的日记

（一）

他怎么还不来呢？是出了什么事，还是，他已经忘了我呢？不不，不要胡思乱想了，静静地等吧，他最后会出现的，就算，不是为了我……

（二）

他还是没出现，我每日傍晚的古筝课都没了心情，因为，少了他的倾听。我该怎么办呢，还是静静地等吧，那个如阳光般的少年，每当看到他站在紫藤花下倾听我的古筝时，我心里就莫名地兴奋……

（三）

怎么办怎么办？今天就要搬家了，他还是没有出现，怎么办？我第一次和爸爸妈妈吵了架，他们到现在还莫名其妙，可是，谁又能懂我的心呢？小伞呀小伞，你快快呼唤他吧，即使是见上最后一面，也好呀……

斑白的墙角，寂寞的小巷，白色的伞，孤寂的紫藤花，映衬着这傍晚的晚霞，格外地悲伤……

认识你，真好	刘家雯
溪水女孩	周包宁
阿雅的故事	何紫羹
牛娃	李武斌
风起时，我想起家乡	张绍琦
那时的英雄	陈 越
下一个天亮	陈蓉蓉
每个学子总有一盏灯火相伴	张辰宇
奶奶的三轮车	林沁妍

第五辑
月光的舞蹈

认识你，真好

上海市景秀高级中学高一

刘家雯

女孩手中握着一束花，像紧紧地抓住最后一根稻草。她的目光透过花瓣，皆落在天花板的吊灯上，她平躺在床上。

花旁边的一张卡片落款上，落的是："你的好闺密——艺艺"。可能是女孩握出了汗，抚乱了卡片上的字。

"妈妈！花，花枯萎了呢！"女孩急忙站起，下床冲到厨房，妈妈正在厨房洗净一个花瓶。

"都是你抓得太紧了。"妈妈用毛巾拭去花瓶上未滴落的水花，花瓶上有些裂缝了，"来，把它给我。只要洒点水，花会好的。"

"就好像花一样，我和艺艺的友情会不会消失啊？"女孩失落地坐下，抚了抚花瓶中的花，花好像回应她，掉了片花瓣。

妈妈不再理她，转身把花瓶放在钢琴上，回厨房忙去了。

女孩漫无目的，走进自己房间，关上灯，坐在地上。她的思绪回到好久之前。

"原来已经那么久了吗？"在黑暗的房间中，她念道。

幼儿园的石阶上，碎石子被男孩子们抓起打闹，一个小女孩躲过枪林弹雨，坐在石阶上大哭。

"妈……妈妈呢？"女孩无力地呻吟着。

女孩在眼前热闹的场景面前越发难过，一个黑色的身影蹿出来，挡在她面前。

"嘿！哭什么呢？"

哭泣的女孩抬起头，呜咽着："你，你是谁？"

"嘻嘻，你好可爱啊！我叫艺艺。你跟我来，待会儿被那些吃小孩子的阿姨看到你，就惨了哟！"艺艺抓起小女孩的手，拉上就跑。

"嗯，那个，我叫晴晴，谢谢你。"艺艺听完小女孩的话转头笑了。

像是一束阳光，清扫了晴晴的乌云。

妈妈开灯进入晴晴的房间："小晴，来吃晚饭了。"晴晴躺在地上，她的声音有些哽咽："不了，妈你自己吃。"

"艺艺，你什么时候再回来啊？！"晴晴跟艺艺在操场上绕圈子。

落日的余晖，把影子拉得越来越长。

"傻丫头，我又不是不回来了。等我们考上大学，想去哪儿玩就去哪。"

艺艺一步步地跨，晴晴一步步地跟，艺艺取下包，拿出一本书："送你！走，我们去梧桐树底下！"

书名叫《一场为了告别的宴会》。

艺艺牵着晴晴的手，她尽量不回头看晴晴，她红红的眼睛让她无法直视晴晴，她们拉着手，走到梧桐树底下："丫头，我们晚点回家吧。"

冬天的夜晚来得好早，天早已是半黑了。

那天是农历十五还是十六，晴晴怎么想都不记得了，只记得那晚有一轮又大又明的月亮。

晴晴猛地直起身子，她疯狂地翻箱倒柜。

"咦？书不见了吗？"

她们两人终究还是在小学毕业后分离了。

一个人默默地走了，她没有告诉另一个女孩，她走的那天是几号。一个人默默地等，她在闺密离开后的一个月才得知消息。

"晴晴，妈妈先去开家长会了啊！"

"哦！"房门"啪"的一声关上，留下呆滞的她独自落寞。

思绪回到现实，我停下笔。今天，怎么写了这么一个故事呢？

（是我太想念过去了吗？）

"宝贝，妈妈去开家长会了啊！"

"哦！"母亲大人离开，我收拾收拾东西，拿着书，她走后的十五分钟，我也跟着出去。

已经九年级了啊！

我本只是想晃晃，不料晃着月光，到了学校里。学校里家长们都像我们一样，各怀心事地坐在教室里。

家长会明令禁止学生来，因为来的，应该都是家长。

梧桐树底下，我们班的大多在那儿，各怀心事地赏月。

是十五还是十六，不知道，一轮明月远望着人们的悲欢离合。

"明天就是毕业典礼了，毕业典礼一结束，我们就真的散了。"班长失落的话语撩动了心弦，一些人略有抽泣。

（原来，我们明天就要分离了。）

我趁着家长会结束前，快速离开了。

走在闹市的街上，不期而遇地，眼中映入一个熟人。

我没有喊出她的名字。

或许就是这样吧，在某一瞬间，在某一个地点，记忆全部涌上心头，人们或许真的怀旧，总是怀念，是对身边人真的怀念，真的？只是爱着记忆，爱着感觉。

当我们步步向前，彩色的美好一张张定格在快乐的回忆，再转头早已变为过去，逐渐灰白，逐渐碎化。我们向故人告别，向回忆告别。因为爱，要留在不久的将来，留给将来的不期而遇，留给将来的三生有幸。

我们都还小，路还有那么长。

这一生，像一辆长途客车，父母是驾驶员，我们在有能力驾车前，是车上的售票员，车上来人又走人，我交出爱你接受爱，离开的人不忘带着我们的爱，带上自己的将来，向驶远的车子挥手告别，来人不忘感叹一声："认识你，真好。"

车子一路开到底,不断告别,不断回首。其实这一路我得到了你们的爱。我徘徊,彷徨,一切,真的很值得呢!

我回到家,提起笔。

晴晴冲出她的房间,一路奔到学校,妈妈还在开家长会,她恍然大悟般走到梧桐树下,不断地用手刨根旁边的土。

一本书《一场为了告别的宴会》。

她抚去书上的土,书里夹着一张纸。

上面写着:"生命的巴士里,你我美好的记忆,贵如珍宝,还是说一句'认识你,真好'!"

晴晴号啕大哭。

我满意地放下笔。

"是啊,认识这个世界,认识你我,真好!"

我慢慢地踱步到阳台。谁知道呢,告别后的哪一天,我们都看着同一轮月亮。

今天,原来。是十七号呢。

我拿起书,继续读了起来。

那书名叫作《一场为了告别的宴会》。

(指导老师　张希希)

溪水女孩

上海外国语大学嘉定外国语实验高级中学高二

周包宁

夜色如墨,月华倾泻,潺潺流水穿过一个小村子,甘甜的溪水滋养着这一方土地和每一个村民,百年、千年一直如此。村里男耕女织,小孩嬉闹,平淡而又幸福……

溪水冲上岸边,又退去,一个小女孩浑身湿透地躺在岸边,大概是被溪水带上岸的。天色漆黑,看不清小女孩的长相,夜静,只有小女孩微弱的随时都可能会断的呼吸声。

翌日,一个名为小七的少年来河边洗漱时,发现了小女孩。小女孩穿着青色衣裳,头发凌乱,小脸只有巴掌大小,眉间紧锁,让人觉得可怜又惹人心疼。小七把她背在身上,飞快地朝家中奔去,女孩瘦得让小七几乎感觉不到分量。

小七的父亲是个民间大夫,村里人的小毛病都免费看诊,邻里间哪能让自己白占人家便宜。乡邻会拿自己种的菜或者从小溪里打的鱼送给这民间大夫。因此,小七一家过得还是不错的。

小七将小女孩背回家中。父亲此时正好没有病人,见状,忙问小七这小女孩怎么看上去那么虚弱,小七让父亲先替女孩瞧瞧病。

将小女孩的衣袖往上推了推,父亲的手娴熟地搭在脉上,沉思着。小七在一旁注视着,待父亲把完脉,迫切地问:"爹,她怎么样?""她,她没什么大碍,肺部有些积水,在水中泡了太长时间,才会导致昏迷。我给她配些药,过几天便能好。"父亲的回答让小七宽了心,"对了,你去弄些炭火来,生个火盆。"

小七从小便帮父亲打下手,这点事儿他三两下便做完了。待得父亲治疗好小女孩,小七便守在女孩的床边,呆呆地望着她,心中祈祷女孩快些醒过来。

小女孩眼睛微微一颤,慢慢张大。小七见她醒了,忙问:"你好点了没?"女孩双眸呈绿色,眼瞳中有三朵极不易发现的白色小花状物,看向陌生的小七,女孩微微点头。

"小妹妹,你叫什么名字,怎么会落于水中?"

"我……我,"小女孩摸着自己的小脑瓜,想要回答可是脑子里一片空白,"对不起,我不知道我的名字,也不知我怎么会落水。"

闻言,小七脸上掠过一抹难以察觉的失望,旋即笑道:"没事,以后慢慢想。你现在要好好休息哦。"

小七的笑,让女孩心中一暖,大概有很久没有被人这样关心过了吧,一笑短暂,却开在了女孩心间。

小七比女孩大两岁,女孩身体好了之后,一直住在小七家。考虑到女孩记不起自己的名字,小七便对她说:"妹,我在小溪边发现了你,就叫你小汐吧,取个谐音。"

一晃六年过去了,兄妹俩不是亲兄妹却胜似亲兄妹。这一年,小七十八岁了。灾难悄然而至,一队士兵将整个村子血洗,小七临死前将小汐藏在家中的地窖,自己引开了士兵,被一刀刺穿心脏而死。这一队士兵是丞相府里派来的,听说这村地下有铁矿,丞相为了私吞而有此歹念。

听到外面的声音远去了,小汐从地窖里出来,月色倾泻而下,物是人非。走出小房子,小汐看到了躺在地上的小七,当下便立誓:定要为小七报仇。

小汐行至河边,水中有小鱼游着。此时,她的眼睛有一道绿光闪出,一条小鱼游了上来,小鱼头上有一条白色小花,与小汐眼中的相似。小汐能感受到小鱼的想法,能控制小鱼的游动,她大骇,可大骇后,她心中有了为小七报仇的方法。

没有人知道发生了什么，丞相府全府上下一夜之间全都死了，每个人脸上都有一朵白色小花，这花白得如同白骨，让人不敢靠近。

小汐再次回到小河边，还是夜色如墨，月华倾泻。小七的尸体被小汐带到了溪水边，小汐抱了抱他的尸体，轻声说："放心吧，我已经替你报仇了。"声音微弱却有着坚定。

随后，小汐站在溪边，眼神悲伤，对着小溪自言自语："谢谢你给了我第二次生命，谢谢你让我度过了人生最美好的六年……"泪珠在眼角滑落，落入了这小溪的微波之中。

小汐抱着小七，沉入了这冰凉的溪水之中……

（指导老师　袁超群）

阿雅的故事

上海财经大学附中高二
何紫荑

人生处处充满了别离。

徐志摩离开康桥是别离，花木兰远赴沙场是别离，甚至这大树小草、千花百叶的谢幕，亦是别离。别离的情绪总是伤感的，可人们往往忽略了告别。

告别又是什么？是人们即将分离而行的仪式；是丈夫出门上班前妻子的叮咛；是一封决绝的家书；是一首哀伤感人的离歌……

阿雅已经很久没有见过晓梓了。她看着门前的老树又抽出了新的枝条，邻居叔叔一次又一次地从国外归来。有时阿雅怀疑，是不是真的有晓梓这个人？又或者自己遇到了《小飞侠》里的彼得·潘，他施了个魔法，便使时间变得如此漫长。

等阿雅的长发剪落成短发，她等来了晓梓。准确地说，是晓梓的骨灰盒。原来晓梓的不告而别，是为了去治病，治一种看不好的病。阿雅悲痛欲绝，将骨灰盒埋在了自家院子的一块空地里，旁边种了棵树苗。

瞧瞧，这一对好友生死相离却不告而别，多痛苦啊！所以老天决定再给他们一次机会。

阿雅有些奇怪地看着镜子前的自己，这短发竟又成了长发。多吓人啊！阿雅掏出手机看了看时间，嘿！这时间也回到了四年前，晓梓不告而别的那一天。

其实大体上也算不上不告而别，只是这一天阿雅与晓梓正好闹了点矛盾，这矛盾大到阿雅甚至爽了晓梓的约。谁承想，这竟是两人最后一次见面的机会。

阿雅重走一遭,自然不愿放弃这个与老友相见的机会。她十分大度地去赴了约。晓梓见到她时还一脸古怪:"你不生气了?"

阿雅灿烂一笑:"这才多大点事儿呢!找我来干吗?"

晓梓又好好看了几眼阿雅,声音有些沉闷:"我要走了。"

"走?去哪儿?"阿雅自然明白晓梓会走。"去国外治病!"晓梓今日有些奇怪,他站在原地一动也不动,情绪倒是很激动。不过旋即,他又低下了头,拿出一棵树苗,嘟嘟囔囔地说:"我要去很久,你可别太想我!我……我会回来的……"

这时忽然起风了,还挺大的,把晓梓的声音埋在了风里面。阿雅心里同晓梓告了别,仿佛得了承诺一样,安心睡去。她醒来便去照顾那株小树苗。有了阿雅的照顾,树苗一天天长着,现今越发高了,树上结了果,是枇杷,还挺甜。

阿雅等啊等,等了四十年,短发还是短发,可头发却成了花白。

阿雅有些奇怪,挖开枇杷树底的泥土,晓梓的骨灰盒还好好地放在那儿。阿雅有些不知所措。

"隔壁那婆子的疯病一直没好?"王大妈看了看园子里的阿雅,眯了眯眼,轻声问着一起剥蚕豆的李姑子。"哎,四十年前收到了她未婚夫的骨灰盒,一直疯到现在呢!据说收到骨灰盒后的一天,她直直地站在树苗前,和它讲话哩!"李姑子知道很多,"更邪门的是,她前天还把那树根给刨了!不过又种回去了。""哟……这还真是邪门……"

阿雅听不到这些,她老啦!更不能给她的宝贝枇杷树来一句:"亭有枇杷树,吾夫死之年所手执也,今已亭亭如盖矣。"她只能在别人看不见的地方偷偷盼着晓梓回来。

你说告别重不重要?

相逢容易别时难,告别总给人盼头,就好像阿雅总盼得到晓梓,徐志摩也许会再回到康桥,下班晚归的丈夫亲吻着思念一天的妻子,大树小草会在来年春天再次重逢。

告别是新生。因为告别后有了盼头，便心存希望，那么思念也会永不停歇。告别是为了下一次更好地重逢。

这世上有很多来不及告别的生离死别，如马航的失踪，又如义无反顾的消防员。我们无法预测死亡与明天哪一个更快来临，倒不如在现在，认认真真说一句明天见，在出门时说一句再见，在远行时道个别，你说呢？

（指导老师　段丽杰）

牛娃

湖南省安化县乐安镇浮青中学

李武斌

秋天。

没有阳光。

牛娃躺在草地上，双手叉着垫住后脑勺，一条腿跷起来，搭在另一条腿上，轻轻地有节奏地摇动着。

一个春天，又一个秋天，野草出尽了风头，此时，它们是那么安静，却又那么落寞。一株接一株，紧紧地抓住这片坡地，似乎只要稍一松劲，就会滑落坡底。

大水牛在一旁悠闲地啃着这即将枯萎的野草，尾巴一甩一甩的，每一下都那么随意，却又带着某种不可推测的意念。

一团乌云滚过天空，那么缓慢，那么沉重。

牛娃看得出了神。

牛娃坐在一个宽敞明亮的教室里。

他一会儿摸一摸光滑的新课桌，一会儿用屁股顿一顿舒服的座椅，一会儿把新书抱在怀里，亲了又亲，吻了又吻。

同学们陆陆续续走进教室，在各自的座位上坐下来，翻开课本，朗朗诵读。

牛娃的眼睛如一架摄影机，缓缓地扫过教室里的每一个角落，每一件设备，每一个同学的脸庞。学校的新奇写满了黝黑的小脸。

牛娃笑了……

牛娃翻了一个身，下意识地搔了搔背。嘴角的笑容如橱窗中陈列的蜡质蜜桃，永远那么光鲜。

牛娃侧头望了望远处的山。

褪了翠装，山的风韵十足的肌肤就裸露在牛娃的眸子前。流岚迷离，如一袭轻纱，绕在山的胸部，倍添了几分诱惑。

然而，这终究是将死的青春。

黄昏，一片灰暗。

牛娃的爹正坐在自家的堂屋里编筐。一根竹篾在他手中柔顺地绕过来，又绕过去，稳稳当当缠在了竹筐的架子上，而竹篾的另一头，仍在调皮地颤动。

牛娃躺在山坡上，他隐隐约约看到了一双拐杖静静地卧在他爹的凳子下面。

夜深了，牛娃和娘在灶前烤火，弟弟在微弱的火光下温习功课。

他们在焦急地等待。

火光在娘的脸上跳跃，似乎是炫耀，也似乎在预告着什么。

娘的饱经风霜的脸上堆满了焦愁。

爹上山采药去了，现在还没有回来。

一块钱一斤的山药，爹有时一天就能采十几斤。

平时，爹早就背着药材回来了。娘跑上去接过竹筐，放到阁楼顶上。牛娃忙着给爹倒水。

牛娃和娘进了山。

牛娃拎着比萤火虫的光稍亮一点的手电筒走在前头，娘跟在他后面。他听见娘的气喘和求菩萨保佑的声音。

牛娃的心咯噔咯噔地跳了起来。

他很害怕。

一丝丝寒意侵入他的脑门。

他一阵阵颤抖。

山风摇着树枝，窸窸窣窣地响。牛娃的眼前冒出一条又一条黑影。

山下，村民们的灯火渐次熄灭了。

"爹，你在哪?"他喊。

"爹，你在哪?"另一个声音也在喊，是回声。

爹回来了。

第二天下午，几个邻居用大竹椅抬着他。

看到爹满身血污，牛娃和弟弟失声痛哭⋯⋯

牛娃隐隐约约听到了哭声。

邻居家的两个孩子在坡下的空地上争抢玩具。

牛娃笑了。

牛娃的弟弟在镇上上中学。

牛娃去看过他。

牛娃很羡慕弟弟，但更为他自豪。

小学时，牛娃和弟弟在同一个班。

兄弟俩都很用功。但是，每一次考试，无论牛娃怎么努力，总是比弟弟少几分。

牛娃觉得弟弟比他聪明，弟弟是文曲星。

爹躺在床上呻吟。

娘在堂屋里斩猪草。

牛娃在烧火。

弟弟在火光下看书。

猪在栏里拼命地叫。

牛娃的心，被大火炙烤着。

牛娃选择了退学。他觉得自己是哥哥，理该如此。让弟弟继续上学比自己有前途，他想。

娘流着泪劝他，可牛娃执意要退学。最后，娘还是答应了。

娘没有办法。家里的欠债是一个天文数字。

娘万分歉疚⋯⋯

牛娃躺在山坡上，哼着不知名的调子，牛在一旁吃草，尾巴轻轻地一甩一甩。

一个阳光明媚的早晨，雾气还没有收尽，街道两旁的树木在晨曦中笑出了晶莹的泪珠儿。

牛娃穿着新鞋，大摇大摆地走在大街上。

大街两旁是商品琳琅满目的店铺。

街道上车水马龙，川流不息。

牛娃的目光被各种光怪陆离的颜色黏住了，怎么扯也扯不开。

牛娃的身体好轻盈。

牛娃的心在飘，飘，飘。

飞！

牛娃终于生活在了这个梦想中的大都市……

牛娃站起身来。

夜色渐渐深了。坡下的灯火如精灵的眼睛在眨呀眨。

牛娃的心突然亮堂起来。他觉得坡下的灯光是那么遥远。可他很满足。

该回家了。他把牛牵过来。

大水牛的肚子咕咕地唱着欢歌，似乎告诉主人，今天吃得好饱。

牛娃牵着牛，一步一步往回走，每一步都用尽了全身的力量。

夜，更深了，没有月亮，也没有星星……

风起时，我想起家乡

山东省潍坊第一中学高一 张绍琦

时间太窄，指缝太宽，风起云涌，悄然间，十六年光阴在一处处缝隙里随风溜走，直至我再也摸不到它布满褶皱的脸庞，再也听不到那依稀明朗的笑声。风，无影无踪地带走了很多，也把一些东西真真切切地卷进心里，就像家。很难为家下一个明确的定义，也许这本就是一种情感。念风起时，一拂清袖，一抹乡愁。

风起时，我想起家乡。

七 岁

季春，微风。洋槐，暗香。

我从小喜欢槐花的香味，那是乡下老屋特有的味道，说不上浓郁，却足以满足我挑剔的嗅觉。记得那时还小，常常光着小脚丫走在泥石地上。每逢春天，就习惯性地跑去角落里那棵槐树下纳凉。它并不高大，枝叶都很繁茂，白色的骨朵一团一团地挤着拥着，直压枝条。一阵风吹来，它们谦卑地集起花朵，向下垂落。绿叶和白花密密地斜织着，如此青翠，如此醉人。

"奶奶，我要爬树！"没等她同意，我已经环抱树干，一点点向上挪动了。只觉每向上一步，就与花香相融一处。风吹起来，撷走压枝的串串花朵，飘落的淡淡花香直叫人浑身酥软。我顺手摘了一串槐花，先是闻了闻，又用小嘴抿了抿。"奶奶！槐花好甜啊！"我惊喜地大叫，连头上的两个冲天辫也随着风一起摇摆起来。奶奶也没抬头，继续忙她的针线活,光是咕嘟了句:"好好好!我家孙女会爬树了。"每当这时,我总摇晃着树枝,和着风,唱些不成调的歌谣。在风里,歌声被越传越远,当然,还有似槐花一样甜蜜的"咯咯"的笑声⋯⋯

家乡,在风里回味。

十 岁

仲夏,暖风。军营,眼泪。

小女孩长成,爸妈便计划着放我出去闯闯。那年夏天,我第一次独自出门,满心欢喜地去迎接一场从孩子到军人的蜕变。

七月的军营,夏风有些闷热。我们一群孩子趁着夜的神秘围着篝火拉歌。火苗在暖风里蹿动,像我们的热情,越发高涨。我们在操场上大喊:"叫你唱,你就唱,扭扭捏捏不像样⋯⋯"几个轮回后,他们终于败下阵来。只听对面响起稚嫩的童声:"年轻的战友你不要想家,不要想妈妈。"一阵风吹过,像是卷来了什么,倏地触动了我的神经。两天没见了,爸爸妈妈在干吗呢?有没有也像我一样涌出突然的思念?一瞬间,那些嘹亮的歌声成了陪衬,燥热的暖风环绕着我,像父母安抚襁褓中的婴儿一样将我包裹。盈眶的泪在浓浓的夜色里像颗颗明亮的星,被风吹开,晕散在双颊。只听桑蝉鸣,却无语话思乡。

家乡,在风里歌唱。

十 四 岁

孟秋,清风。他乡,成长。

终于,迈出了离家的第一步,过起了"独在异乡为异客"的生活;终于,与清风明月相伴,树起了"一心只读圣贤书"的志向。

那天下午,我独自在操场跑步,欣喜地发现了几株长在跑道边上的蒲公英。它的种子好似绒毛,慵懒地贴在短小的茎上,清风徐来,毛茸茸的一团开始摇晃,在风中缠缠绵绵,像极了一场临行前的告别。不一会儿，它便撑起一把小伞来，慢悠悠地飘起，尔后随风远去。我看着，轻轻地吹走手边的一团，给予它这不能够停留的爱。

我笑了笑，想起远在家乡的爸妈，他们好似一阵清风，送走远行的我，任我去追求更好的生活。当风轻轻吹过的时候，我回过头，总能看到坚定的支持而后更加义无反顾。在风里，它不断磨平我的棱角，哪怕背着伤痛，也学会了安然一笑。

家乡，在风里远行。

十 六 岁

寒冬，朔风。异国，迷茫。

十二月的美国，华尔街，天湛蓝风凛冽。我站在窄小的街口，蜷缩在厚厚的棉衣里，望着从四周不断集聚而来的人们。狂风掀起他们的衣角，步伐踩着快而稳的节奏。导游说，在这个寸土寸金的地方，没有人会停留，就像财富永远不会等你一样。望着铜牛，我忽有种隔离感，像是被金融这股飓风狠狠地甩出来，只觉心里无限孤寂与迷惘。原来，不管走多远，骨子里偏爱"明月别枝惊鹊，清风半夜鸣蝉"的乡村情结还是不曾改变，中华文明烙下的印记也由此越发明显。冬风越凛冽，游子的根系就越坚固。

家乡，在风里怀想。

人生就像一场旅行，一场离童年、家乡甚至祖国越来越远的旅行。如今，我不再是那个知多少花落的孩童，也再没有深夜独泣的稚嫩。相反，走得越远，越发觉，那方土地给予我的是根的力量。我似一只风筝，在风中飘扬，愈远，线也愈长。可不管飞多高，行多远，线的另一头总执着地停留在原地，它的名字叫家乡。

又一阵风吹过，原本忧伤的情愫伴随着它弥漫在这个充盈的世界里。原来啊，我从来没有离开过我的家乡。

那时的英雄

上海市进才中学高一

陈 越

阿由蹚过水去追一只蝴蝶的时候，正是夏天。

村里的夏天和外头镇上的夏天是很不一样的，没有那么多的热和雨，而气流总是缓缓地下沉，压进渴望玩水的小孩儿们的心，压进硬实的黄土地。黄土地是干巴巴的，裂开的缝像刀一样，潮的时候还尚且在刀口有泥丝轻轻地拉着，干的时候没拉的，缝隙一夜之间就会开得很大，能卡住城里女人的高跟鞋。不过城里女人不会来这儿，这儿也没有女人穿高跟鞋，男男女女都一样，穿着手纳的布底儿鞋，走路一样坚实又有气势。

村里的夏天每年都一样，黄土地合了裂，裂了合，反反复复地被种地的夸了骂，骂了夸，也没什么变化，日子按部就班，不成新意。但今年的城里阿由听大人说出了大事，约莫是哪派又造反，哪个有革新苗头的男的或者女的又在菜市口被杀头。城里乱得很，有钱的都出去逃命了。阿由知道是真的，因为那个在画报上被叫作汽车的、油亮的黑玩意，最近有好几辆从村口和刀一样的土地不一样的绸缎一般的马路上路过，拉风得很。

江三是和阿由最要好的小孩，是和他一起看车的铁兄弟。汽车在这群孩子眼里都是稀奇玩意儿，看来就如免费的短剧，像现在结伴上电影院，一起看车的男孩子关系哪能不铁，关系铁的男孩子，哪能不一起看车？江三爸是村里当干部的，晓得的多也敢说话，和阿由的裁缝爹可不一样。江三告诉他，他爸说，城里快要打仗了。打仗要死很多人，阿由想，我想救那些人。江三也想当兵，他对阿由说，我们一起当兵，我想当英雄。

城里最终也没有打起仗，阿由和江三考上高中了。这时候离那会儿城里风云已经很久了，老师第一堂课问孩子们，以后想做什么。这点城里头和乡下是一样的，小孩都想当科学家、老师、老板。因为乡里头的学校小，环境闭塞，念了高中还跟初中一样，很朴实。江三说要当老板，赚大钱，好好享受，阿由还是想当兵。江三又劝他，当英雄会死的，咱们好好享受，一起做老板吧！

阿由摇头，说，我不要做英雄，我想救人。那个长轮儿的黑箱子不该是用来逃命的，我可以救人。

江三隐隐约约地想，我要和阿由再见了。阿由会死的，我会好好儿地当老板。

男的女的还是穿着布底的鞋，种地的还是骂干裂的田，不一样的只是阿由，阿由去当兵了。江三拿着刚领回来的大学录取通知书，问阿由去哪儿打仗。阿由说，上头说去"东边靠海"的地方，他也不知道在哪儿，不过没关系，只要能救人就行。

阿由走了，江三觉得，他们好像又说了一次再见。

江三在国外念大学，是他的干部爸砸锅卖铁凑出来的学费。村里头有人说江三爸是送江三出国逃命的，江三忍不住去想那一天阿由讲的"那个长轮儿的黑箱子不该是用来逃命的"，心里就忍不住有点儿内疚。他是坐长翅膀的白色大鸟走的，他和阿由以前都没见过，外头的城小，也没能有机场。

阿由的红纸头是在江三到了外国的第三天送来的，还有一个沉甸甸的遗物盒，也不知道里头装了什么。来送东西的兵对阿由爸敬了个很标准的军礼，然后一边擦着眼泪一边头也不回地跑了，去赶着打仗。包里头有信和奖章，阿由歪歪扭扭地学小时候收音机里的陈词滥调写，收到信的时候我已经死了……看得阿由爸一边哭一边笑。他写，我很喜欢救人，救黑箱子和很多人。汽车不该是逃命的，汽车该往敌人身上撞！中国不会完蛋的，我们都想救人，我们都很好。信末有一句：把奖章给江三，让他看看我做了英雄！

阿由爸把盒子同信给江三寄过去，这两样东西也坐了白色大鸟。只可惜阿由没能坐上，他多么向往黑箱子，也一定向往白色大鸟。

江三收到之后沉默了很久，没有眼泪也没有痛苦，只是很平静，手里摩挲着奖章。他感觉他们永远也不会告别了，尽管已经告别了三次，可他一闭上眼睛，就是阿由的像问号似的感叹号。

他永远也忘不了。江三把奖章放在枕头底下，就像放一只蝴蝶。有一天奖章会发芽，长出一只蝴蝶，而阿由会蹚水去追蝴蝶，一边跑一边说：中国是不会完蛋的，中国人的黑箱子不是用来逃命的！一边回头，对着当着老板的他用手写出大大的问号、一样的感叹号。

（指导老师　田　芸）

下一个天亮

浙江省乐清市白象中学高二

陈蓉蓉

桐。

干吗？桐有些吃惊地转过身，塞在耳朵里的粉红色耳麦在教室的灯光下显得很刺眼，一脸的疲惫让我很心疼。

没什么，就想看一下你。我悻悻地说。

其实我想很激动地说，桐，明天我们就可以回家了，不过最终还是没说。

平日的回家是只有在周末才能奢望的事情，可谁都知道这次不一样。一个长长的寒假，正在明天等着我们这些学子张开双臂去拥抱光明呢。一场又一场的考试后，我将一个月里见不到桐了。一个月后的桐，我们早已是天各一方了。

桐摘下一只耳麦，笑着说，英语磁带哦，要不要？

我手里转着的笔忽然飞了出去。桐瞪大了眼睛说，你有什么心事？

摇摇头说没有，我低下头继续背单词。

看着桐的背影，我不知道该以怎样的心情来度过这最后一个晚上。我不想打扰桐，要是我不小心地说，桐，明天就可以回家了。桐再也不会像平日里那样跳起来煞风景地说，对啊，后天就又回校了。红红的眼睛是我无力承受的疼痛。

我们出去吹风好不好？桐拉着我就在坐班老师的眼皮底下跑出了教室。

桐，天上的星星也在看着我们，对吧？

桐耳麦里的声音大得我都可以听到，不是英语磁带，一个忧伤的女声清楚地吟唱着，桐抖动的肩膀让我有些无措。

桐哭了，对不对？我对着天上的星星，掉下了眼泪。

这样的晚上，让我不由想起了六月份的那个夜晚。半年前的我也是这样靠着蓓的肩膀。蓓给那最亮的星星取名叫作天亮，像天亮一样亮。那个疯狂的六月，叫天亮的星星。蓓说天亮是永远的我们，文理不会是我们的距离，即使往后不在一起。半年后的我倚着桐的身体同样抬头看着星星，给我肩膀的不再是蓓。天亮不见了，心里突然不安。

曾经一个学长问我："你觉得朋友是什么？"我不假思索地说朋友就像我和蓓这样。学长抬了抬头，我看不清他的表情。

再也回不来了。桐说没有人能够永远地守护另一个人，也没有人离开了谁就活不了，每个人都有属于自己的前方。

桐，为什么不告诉我你填了那张文转理的申请表，只为所谓的升学率。你我最爱的，不一直都是文科吗？桐说重点班的我要继续好好在重点班待着，那桐呢？

桐说，我要的并不是这样。我说我知道，桐，我明白的。或许我什么都不明白。

那个晚上，和桐挤在一个被窝里，粉红的耳麦轻轻地塞进我的耳朵。

等下一个天亮／去上次牵手赏花那里散步好吗／有些积雪会自己融化／你的肩膀是我豁达的天堂／时间可以磨去我的棱角／有些坚持却永远抹不掉／请容许我小小的骄傲／因为有你这样的依靠

郭静充满张力的声音。有些东西或许真的是无法改变，或许我至今还不懂桐那句"我和你终究是不同的人"，所谓的依靠，所谓的下一个天亮到底为何物，但至少我不会忘。

最后一门考完，我平静地离开。结束了，分开不仅仅是回不来，至少回不来现在了。我应该说我开始了期待,那属于我的下一个天亮。

即使不在一起,我们也要笑着。

彼此对望,应该会拾起熟识的温存和骄傲。

(指导老师　黄　忠)

每个学子总有一盏灯火相伴

江苏省南京师范大学附属中学高三

张辰宇

一

我在清晨醒来,凉风阵阵,不见夏的气息。五点钟的小巷,行人稀少,没有多少喧嚣。四处,是小店翻修的招牌拆下的砖红色的铁,还浸染着寒意的露水。五颜六色的字躺在白色的晨光里,像盛放后颓败的花朵。

我暗自惋惜,不久,它们将腐烂在别处的土壤里,取而代之的是整齐划一的塑料招牌,相似的字体,让人在清晰中迷失。我总觉得小店少了几分独特、几分热闹的烟火气。

街上大部分是上了年纪的人,他们总在天微明时褪去倦意,步履悠悠,不慌不忙,仿佛要感受每一寸光明。只有这段时光属于他们,不必为不息的车流惶恐,可以让咿呀的戏文飘进每一步的时空。城市,只将清晨留给了老人,这是不幸,也是万幸。

对于小商贩,这已是个不太早的时辰。此刻,他们沉默地忙碌或立在店门口,微微驼着背,望着某处喘息,等待即将到来的喧嚣。晨练的人缄默不语,神色坚定,穿梭在清晨的空气里。这是五点钟的金陵一隅。忙碌的人凝视着,沉浸梦中的人还享受着未醒的欢愉,从不言论。

我不自觉放低声音,放缓脚步,与提着菜的老人一同呼吸。路旁,蹲在路边的青年神情淡漠,锈迹斑斑的自行车后座上是洁白炫目的栀子花包。老妈妈问:"小伙子,怎么卖啊。""五块钱三把。""一卖就是三把啊。"老妈妈似叹息着继续走，软软的南京话，荡漾在花香里，有夏至的味道。我忍不住微笑。

买来热豆浆、肉包子，颠颠倒倒，往往复复，又在花前停住脚步。喧嚣已经到来，菜场里热闹了起来。一尘不染的晨光已经过去，城市醒来了。

这里，清晨，丰富在安宁深处的疲惫与喧嚣。是的，疲惫一直都在，从早至晚，无止无息。

二

阳光闷声叹气，潮了肌肤，薄汗满面，我却套着长衣走到一家藏在角落的店铺。点了一份炒面，小伙子面容白净，声线温柔，让我不禁想象如果这声音在电话尽头，会令我有怎样的感动。果然，店中的外卖电话很是忙碌。我竭力吃完一整份面，从胃的深处涌上无以复加的温暖与满足，这是食物的体温。

懒懒的味道弥散在街上，风也不愿动弹。道旁新竖起的路牌，蓝底白字。校门口前的路叫作校门口路，可爱、温暖、亲切。

在树木繁茂的校园里腻上一天，不减热度。周末，树叶与书页都静止在那里，连叶荷花朝媚动人。想起初中的校园，篱上的蔷薇，落时满径芬芳。学生穿大红色的校服，一届一届，始终如一。孩子们稚嫩的老成，几个转脚放慢脚步的青涩，乖巧的女孩子，煞有介事的赠言与悄然无声的别离，全都凋落在零落的花瓣里，踏在无数光阴的足下。

街角修车老爷爷的伞，垃圾站的狗，树荫下孤独的未完棋局，磨刀人悠扬的吆喝，小巷里的石墙，刻满心事的墙头草，上学的路上。这些在我的眼前流过。

一年一年，无数个我，无数次路过，无数次遗落。

三

读诗，米黄的书页，上了年纪的旧书，细细抚摸下是凹凸的立体图卷，是诗人的体温与呼吸间的韵律。男人低迷喑哑地呼喊与叹息，女人细腻优雅的浅唱。烙着年代的热血、泪水与感动，就这样被小心翼翼地保存在纸张里。一代代人路过，一次次复活在街人的灯下，走了无数年头，还将走下去。

夏的虫被灯火吸引，小巧，新绿精心地躲在透明的翅底。精灵般的生命，默默执着地扑向最明亮的方向，挣扎着死去，一年一年，固执如斯。我爱它们的纤巧，那样青涩的绿，轻易惹我心动，却在下一秒无影无踪。每一次邂逅都是别离，亲爱的夏虫，你是否在温暖的灯下死去，就以为已在天堂？

敏感而多情的灯火，刺激着我的感观。空气中无形的网在微微振颤。夏天的叶落同样枯黄，熔化在如火的翠叶和花香里。黑的幕布上点点的荧光，是夜灯下的寒夜。各种各样的声音涌入耳中，幼童的嚎哭，女子尖厉的斥责，空荡荡地撕破夜色。某处金属卷帘门拉下的声响，高跟鞋与发动机的吼声。

从哪里来，到哪里去，流出我的脑海，流向下一个难寐者的枕边。时光藏在灯火背后，躲避我的追求。为了一个不知目的的目的，沉默地疯狂，强迫自己成长，只能让灯火亮得更久。为了名叫高考的圈套，背单词，笔尖的字母却不知何时变成意味不明的花纹。阴影在笔尖与纸张的摩挲下亲吻知识，旖旎了书本的风情。为每一次不务"正业"懊恼，为每一次无休止的反复叹息，然后心甘情愿地走进下一个三角函数的周期，计算着不会做功的向心力。学习考试，读书写字，认认真真一字一顿，所谓无悔，只是无法悔恨。每个学子，总有一盏灯火相伴。

分数多么凉薄，那么轻易地拦住无以计数的汹涌梦想，毫不留情。而厚重的是灯火，是灯下的苦读，是母亲备好的温开水，是父亲默默的陪伴；世上最深沉的爱积压在灯下的夜晚，待我细数光阴的发。

光阴的发，缠绕成茧，束缚我的呼吸。

时光凋零陨落,仿佛蜡炬成灰/山川和树林,正当时,正当时/拥有无数情感的/善良古老的族群呵/你们将万古长存。

四

雨天,断断续续,淅淅沥沥,看不到尽头。

"我害怕看不见的……没有边界的键盘,我不知该如何去演奏。"

在无数纵横的街道选一处居住,一个职业,一个家庭,一种生活,一种死亡。这是海上钢琴师的恐惧,也是每个人的恐惧。他的心困在海上,他选择了逃避,与他的船在一片火光中升上天堂。

他的天堂。

我们的心却困在生活本身,没有办法逃避,可哪里才是我们的天堂?

我在人行道上行走,小心不让雨水湿了裙角。猛然间听见清脆的一阵喧嚣,茫然地寻找着喧嚣的尽头,却听见数步之外母亲的惊呼。踉跄地退后,一棵大树轰然倒下,恰在我刚刚站定的地方。我依旧茫然,那样茂盛的叶、高大的干、鲜活的绿,就这样轻易倒下,没有狂风暴雨。安安静静的小雨仿佛奏响树的葬礼。

人就像树。有人看起来生机勃勃精力充沛,内心却脆弱不堪腐朽空洞;有人外表老迈沧桑,却在风雨飘摇中巍然而立,抵达人生的彼岸。表面读不到一切,内脏深处的枯萎像是滋长的寄生虫,肉眼难以辨识,却无时无刻侵蚀人的精神。

能战胜的只有他自己,真正困住人的也只有人自己,但很难说清楚囚禁之处究竟是他的牢笼还是天堂。

我们能做的,只是让自己足够坚韧,踏过风风雨雨。天堂,在该出现的时候会指出一条路,到时亦可洒脱而去。

五

跑步,停下,感到热气从内脏某处蔓延开来。额角开始泛起细密的汗,聚成溪,顺着脸上的高低起伏,滴落在苍白的水泥地上,留下潮湿的印迹。

汗水的蒸发,从皮肤的深层,裹挟着体内的肮脏与污浊。这是自净的过程,张开第一处毛孔,忘情地呼吸。出汗是一件多么惬意而奢侈的享受啊!城市人总是试图躲避出汗,用人造的冷气封锁自己皮肤的感观,住在自己亲手建造的水泥囚笼里,一面堵住最后一丝缝隙,一面抱怨透不过气。

跑过小巷,路过人生。没有浪漫奇迹的发生,只有平淡踏实的肮脏与混乱。年轻的母亲牵着背书包的孩童,商贩扯着疲惫的笑脸试图揽住最后一缕霞光。我们生活在世俗里,不可避免地落入俗套。收废品的老人,从容不迫地剥除他不需要的,将需要的艺术品轻松地分类,仿佛上帝一般的检阅者,盘点人生百态。有几个人清楚地知道自己要什么呢?老人的汗水深邃,神圣,这是劳动者的汗水。

我最羡慕农民的汗水,它们从泥土中来,回到泥土中去,归宿即来源,一切都圆满。要是我是农民——这又是娇气的城市病,我在水泥地上长大,一切对土地的神往都只是神往,除非命运使然,我只会是泥土的过客。一切幻想都是矫情,不知人间疾苦的不负责任的白日梦。

只有真正活在土地里的人才有资格言及热爱,但他们往往闭口不言。生活的五味浇灌了泥土,热爱太过浅薄。

我能做的,不过是在不息的生命中寻找片刻静止,路过泥土时写两句酸味十足的文字,然后回到城市的牢笼,继续演着俗套的故事。这故事那么平淡,平淡的我自己演,自己看,最后伴着最后一缕霞光谢幕。

那时,我老迈的躯干总能腐朽在土地里,化作养料。可惜,那时我也无法再说热爱。不过,这再也不是什么重要的事了。

(指导老师 杨蓉蓉)

奶奶的三轮车

山东省临沂商城实验学校高一

杜沁妍

角落里的三轮车因为久未使用的缘故，蒙上了一层厚厚的灰尘。我伸出手，十指抚摸着那个熟悉的位置……"啪"的一声，我的手被打落下来。

"干什么呀，挺脏的！"姐姐噘着嘴巴，恹恹地看着我。是的，它的确很脏，原本鲜艳的红色，被斑驳的片片剥落的油漆取代，周身布满了灰尘，紧缩在不起眼的角落里，像迟暮的老人。

我默默地缩回手，回头看了一眼墙角的三轮车，自顾自地说："还记得以前，它的样子吗？""嗯？"姐姐一脸疑惑的神情，半晌却领悟。"那个啊，算记得吧。"她拍拍手上的灰尘，随手拉过一把椅子，在一旁坐下。我们在沉默中，一同盯着它，寂静中洒在它身上的缕缕阳光像在诉说着往事。

这辆三轮车与我们的渊源很深。小时候，我和姐姐都很挑食，学校里的饭菜总是不合我俩的口味。为了让我们能按时回家吃饭，奶奶买了这辆看上去并不起眼的三轮车。当时的我瞪圆了眼睛，指着这个庞然大物说："这是什么啊，长得好丑。"奶奶看看我们，笑着说："我怎么没看出来丑，就你们事儿多！"

于是，在三轮车的"吱呀吱呀"声中，我们的接送任务都由奶奶包办了。每天早上天不亮，奶奶就起床，在薄薄的晨雾里做饭，收拾东西。而我们要到天大亮才拍拍屁股，懒洋洋地挣扎着从床上爬起来。

有一次我醒得早了，窗外还是一片漆黑，半梦半醒中我凭着直觉走向洗手间,路过厨房时向里面扫了一眼,这一扫,可把我给吓坏了。"妈呀!"我重心不稳,跌坐在地。啪的一声,卧室的灯亮了。"怎么了?"姐姐闻声揉着眼睛蹭过来,到门口时也惊讶地捂住了嘴巴。厨房里有人呢!黑暗中那个人有节奏地一晃一晃,听到我的声音后猛然间转过身来。"媛媛?"黑影叫着姐姐的小名,向我们走近了一些。原来是奶奶。我松了口气,还没开口说话,奶奶就用命令的口气说:"起这么早干什么?快回去再睡一觉。"

之后,我和姐姐又一次被催促着回到了床上。我一边盖好被子一边抱怨着:"奶奶不也没睡……""快睡吧别抱怨了。"姐姐打断我的话,"奶奶早起是因为她要帮我们准备早餐。"说着她用被子蒙住头,很快就进入了梦乡。我也学她用被子蒙住头,但奶奶在厨房里的身影还在我脑海里挥之不去。那晃动的侧影,是存在我记忆中的最初的温暖。

自那以后,每到天亮前我醒来时,都会乖乖地躺在床上,挨到天亮。

早餐过后,三轮车便派上用场了。奶奶利落地用毛巾将它擦拭干净,再支上一个厚厚的雨篷。随后我和姐姐便钻进这狭小的空间里低声交谈着。出发后,三轮车随着奶奶的动作有节奏地摇摆,发出悦耳的"吱呀吱呀"声。

有一次晴天,奶奶撤掉了雨篷。不想第二天起床太晚,几近迟到,车子没有减速,然后,面前出现了一幕惨剧——车身在我们的面前微微向路的内侧倾斜,继而"砰"一声巨响,车身翻转倒向路旁的泥土。我和姐姐摔了个狗啃泥,奶奶却没事。奶奶赶忙把我们扶起来,语气焦急:"怎么样,没摔着吧?"我爬起来,拍掉裤子上的泥土,摇摇头:"没事。"转而看向姐姐,却都笑了起来。"哈哈哈……"我笑得眼泪都出来了。尽管摔了一下,可我们一点也不难过,毕竟我们知道了,为迟到着急的不只是我们,还有奶奶呢。

后来我转学了,三轮车就更忙了些。它不仅要接我姐姐,还要绕道到另一所学校去接我。就算这样它也从来没有迟到过,每日我冲出校门，目光在茫茫人海中找寻时，总能很快找到它的身影。随后我一定会笑着跑去，将书包往车里一扔，欢快地坐在车上和姐姐有说有笑。这时奶奶就会笑着故作抱怨道："看你们这样，什么时候才能长大，让我省点心啊。"我想都没想，手指敲击着车子边缘，答道："嘿嘿，快了，您别急嘛。"姐姐只是无奈地笑笑："快了是什么时候？""就是很快的意思！"

终于，听着奶奶三轮车的"吱呀吱呀"声，我渐渐地长大了。

大到再也不需要奶奶接送，再也不需要三轮车风雨兼程地载着我了。

奶奶的三轮车，就在这漫长的岁月里被慢慢地遗忘了。

它被搁置在角落里，任由岁月的风尘冲刷，渐渐褪去了光亮的颜色，只留下斑驳的暗伤。

它安然地躺在那里，静静地诉说着什么。

只有我能听见，只有姐姐能听见，它正徐徐讲述的，是奶奶对我们细水长流的关怀。

奶奶的三轮车，是我们与奶奶一同生活的见证。我们不会忘记它，正如我们不会忘记奶奶无私的爱。

（指导老师　李守英）

向着明亮那方	黄琪雯
风起时，我想起你	范建军
痛痛飞走啦	陈伊凡
一次不曾告别的告别	陈胤迪
春日	盛郁文
无声叙事	丁佳怡
看门人	苏元悦

第六辑
远方春日

向着明亮那方

上海复旦大学附属中学高二

黄琪雯

科塔萨尔的名篇《南方高速》中记叙了一段萌发于漫长堵车中的爱。这爱最后淹没于重又畅通的车流中。有时候，生活的洪流并不只淘去"爱情"。

"也该告别了。"妈妈这样说着时，她仍在抬头看着天空。昏黄的傍晚像一只巨大的茶色玻璃碗倒扣在城市上头。不远处的初中作为高考考点，考生们正笑着从校门涌出。

她只是沉默，一颗水蓝的星在视线尽头悠悠升起。

夜里她又梦见与那位棱角深刻又沉默寡言的老人共同在银河中飞行，一簇簇灿烂的火花在透明的波浪里翻涌。

"我不明白，"她愤愤地开腔，尽管这位梦中老人从未回复过她，"只是……只是一场考试不是吗？为什么要收走我的书，我'仰望星空'的能力，"想到明天就要拿到数学考试的成绩，她不安地眨眨眼，"——我巴不得一直在天上！"

老人没有说话。

……

这一夜的飞行似乎远比往常久远而颠簸。纵使她是迫切地爱着繁星、天空这些高远而纯洁的事物，也不免狐疑自己为何还不醒。然而这时飞机陡然下降，她猛地看见一只两脚站立的灰兔子正扯着一个高个儿男人的披风，抽泣着叫嚷着："先生！您不要去！"啊，那高高的礼帽，褐色的卷发，没有人会比她更熟悉这位诗人了——亚历山大·普希金！他正在前往圣彼得堡的路上，他将在那儿决斗并丢失性命。

"你不要去！"她也在霜雪凝结着的天穹上叫起来。粼粼的光闪烁在结冰的银河上，身旁的老人驾驶得缓慢而费力，但仍在慢慢远去。她还是听见了普希金最后那句斩钉截铁的告别："人民通向我这里的路是永远不会荒芜的……"很快噩耗就传来了，白桦林发出唏嘘的哭声，一百万个沾着泪水的花环从四面八方的河流里蜿蜒而来……我们的诗人与他热爱的大地告别了，人民仍在向他走来……

然而她的心被这悲戚的告别全然摄住了，并未注意身边的老人脸上也凝固了泪痕。银河又逐渐消融了，她想飞机或许已来到一个温和的国度，啊，春日的樱花在星流里起伏飘荡。这里是日本的星河。

在飞机的高度降低后，她看见一位秀美的女青年面色苍白地卧在榻上。她一定已经病得直不起身了，那双眼睛牢牢盯着一扇窗。微风起，孩子的欢笑声荡秋千一样进来了。这是傍晚，朗费罗笔下"孩子的时间"。

她也笑了，那一方傍晚的夕阳映在她面上，显出皎洁的光。她一字一顿地说着什么，像在与这个世界、与她所爱的孩子们说最后的话：

"向、着、明、亮、那、方。"

话语的尾音是追着机翼走的。这是金子美铃啊，她认出来了，被空气中葫芦花的香气熏红了眼眶。

那夜老者驾驶着飞机带她去了许多地方，她看到一个六年级的小姑娘掐着父亲的落花，擦着眼泪告别童年；她看到一位须发飘飘的诗人站在汨罗江边吟啸着告别故土；她看到一个青年人奔赴刑场，仍高喊着"革命万岁"！他又在和谁告别呢……

一次次的告别中，她越发觉得身边的星子寒冷而陌生，大地重重地牵引着她，要她回去，要她从自己的浪漫主义里爬出来好好看看这个世界……这个世界会好吗？

"我想回去。"她落泪了。

是的……她想回去学习数学、参加高考，然后在大学学习更多，在世界上种下一朵自己的花，扎实地攥着泥土的花。

老人唱起了歌。

她惊愕地看着他，在他沧桑的脸上看见了喜意。

"小红象，红小象，小红红……"在那支奇怪的儿歌里她睡去了，蒙眬之间感到飞机仍在降落，而老人说着："我曾经也不愿与这片大地告别……而今我该把火炬交到你们手里……向上走！"

我知道您是谁了，她说着，犹如呓语。

……

"她醒了……我想只是低血糖……"

听说自己睡了十七个小时。当双脚又踏在地面上时，没人知道她经历了怎样漫长的告别，遇见了谁，为何手中有灼伤的痛楚——除了她自己。

（指导老师　司保峰）

风起时，我想起你

浙江省天台中学高一 范建军

你早已识得我，在我
最年轻最年轻的时候

——席慕蓉

外公，你还好吗？窗外，六月的和风摇动婆娑的树影，轻轻的"沙沙"声夹在风声里，成为浅浅的歌吟。两年了，两年的时间可以改变很多人，消磨很多事，可你渐渐远去的身影，却一直倒映在我的眼里，屡屡于午夜梦回之时萦绕在我心底。

可那又怎样呢？一个亲人离开了，活着的人哭过之后，仍要继续生活。地球仍在亘古不变的轨道上运行着，第二天的太阳亦是照常升起又照常落下，看起来一切都没有改变，不是吗？然而当你某一天伸出手去想要拨打某个号码的时候，你的手会在拿到电话的前一瞬蓦然停顿，因为你知道拨出后应答你的只会是冰冷的一句："对不起，您所拨打的电话是空号。"你再也听不见你想要听见的那个声音了。电话线的那一头，再不会有人坐在那里，耐心地听你讲你的喜怒哀乐。你的生活还可以继续，但在这世上有一个号码已经永远成为空号。

我已经永远失去你了，外公。我该怎么办？或许我只有，在或阴雨或晴朗的天气里，又或是这样风起的时候，想起你。有些难过，却不会落泪。

写下这些话的时候，我看向窗外，日光隐没在云层后面，树叶"哗哗"地响。风，似乎越来越大了。

　　两年前的八月，继你去世的三个月后，外婆也匆匆离去。
　　那一天，坐在县城去往南山的车上，我望着车窗外面的世界，白云蓝天，青山含黛，这世界仍安详而匆忙。可是，我的外公，我的外婆，他们却都已经不在了。世界还是这个世界，可是他们都已经不在了。
　　我木然地坐在座位上，看见道路两旁的树从车窗外急速地掠过去。夏天里的树木枝叶蓬勃怒放，一路高歌一路风华。
　　那几天的天气一直都很好。
　　大人们都在忙碌着。形形色色的人进进出出，有整理遗物的，有看守灵堂的，有默然流泪的，有忙着烧饭的。偶尔有熟人碰在一起，或简短问询或闲叙片刻，但无论他们谈论什么，人们的话里都小心地避开了死亡的话题。就像是华莱士在《大鱼》里讲到的那样："在死亡的疆域里，言语总是戛然而止，你知道它们该怎样结束。"是的，我们都知道该怎样结束。但我只是坐在外婆的灵柩前，沉默不语。
　　在那几天，在那忙碌的沉重的灰暗的几天里，我们所有人的三餐，都是在村中的老祠堂里解决的。
　　看着那个古老祠堂的大门缓缓打开，我感到一种时光沉淀之后的繁华与苍凉扑面而来，我忽然感到一丝哽咽。何止祠堂，这个村庄里的一切，无论是屋子还是住在屋子里的人，他们都一样会老去。直到有一天，他们从这世界上消失，然后被所有的人忘记，就像从未存在过一样。
　　我的外公外婆也一样。他们离开了，而我现在还记得。然而有一天我会变老，老得再也记不起任何事情，到那时，这世上还会有谁记得他们呢？或者说，当所有原先记得的人都不再记得，他们还会在谁的记忆里继续生活？
　　我仰起脸，面对着那么明媚那么灿烂的阳光，双眼却忍不住濡湿。

雨是忽然下的，就在回家后的第二天。

我站在窗前，窗外下着瓢泼大雨。雨滴溅起在玻璃上，使视线变得模糊不清。我甚至觉得，那些雨，那些寒冷已经溅进了屋子，溅入我的生命里来。我忍不住蜷缩起身子，把自己缩成小小的一团，仿佛那样就可以使我感到温暖。

可是，没有。我全身的暖意好像都被剥夺走了，我只有抱紧自己，却什么也做不了。我想哭，却流不出眼泪。

窗外，大雨如注，夏树在狂风中摇摆。

> 若夏日能重回山间
> 若上苍容许我们再一次相见
> 那么让羊齿的叶子再绿
> 再绿　让溪水奔流
> 年华再如玉

而今，我站在六月的阳光里，听着窗外的风声，心里默念这几句诗。

两年的时间过去了。

我从初中升入高中了。

我长高了。

我长胡子了。

所有的这些变化，你都无法知道了。我那么想告诉你，你却无法再知道。

我不禁想起早些时候，你的身体还很硬朗，你是多么希望我能去多看看你们，陪陪你们。可那时的我，却以各种理由推托着，总想着以后还有时间。后来我想，所有忙于学习忙于工作而不肯多陪陪父母、陪陪长辈、陪陪孩子的人，大概都是抱着这样的想法吧？我们太自信，也太自私，所以总以为，一切都还来得及。殊不知，等到你真正自觉可以抽出身的时候，一切，都已经来不及了。

而我，也再无法弥补我的过错。哪怕后来，我屡屡探望病重的外公，也依然是晚了。在他们身体还康健的时候，我又在做什么呢？

可是时间也就这样过去了。曾经的幸福过去了，哀伤和痛苦也会过去的。在宁静的六月的阳光里，我们的世界只剩下巨大的虚无。

两年以前，我以为，你走了，我的世界就跟着走了。

两年以后，我渐渐明白，你走了，我的世界依然存在。只不过在起风的时候，我还会，有淡淡的怀念。

痛痛飞走啦

上海市市北中学高二

陈伊凡

丫丫的老太是个很要体面的老太太，一把年纪了，还这样体面，短发齐齐地别在耳后，一身的素色衣服，老金戒指上的红线儿搂紧了，绕两道儿，束在指头上。胖老太太一坐在那儿，自己忍不住乐呵，两个眼睛弯的呀——活像弥勒佛。见她的人看她打扮得整整齐齐，笑得喜气洋洋，都这样打招呼："老太，今天真精神！"

丫丫被送到老太家养的时候，还很小呢。可那模样，脏兮兮的叫人真爱不起来，头发光光，小脸儿黑黑，鼻涕一大把，身上胡乱地套着个背心就给送来了。老太一看，脸上的乐呵劲儿全没了，气得拿着扫把就往丫丫爸身上一下下砸，边骂道：好好的一个姑娘，怎么养成这样子！

丫丫爸摸了两下下巴，拿起边上的小木凳往前一摔，两个凸眼泡一瞪，嚷道："还不是个没把儿的！养出来有什么用！老子白养她十八年，然后让她嫁到别家喊别人爸？呸，这赔本的买卖，还真没人做！"话一撂，就带着老婆儿子走了。门一摔，丫丫被丢在门里，他们一家三口在门外。小丫丫哭得止不住，上气不接下气，小小黑黑的一团拼命走到门口要妈妈带她回家。哪有人理她呀。丫丫吃力地要拽门，可门多大呀，丫丫多小呀，没拽两下，丫丫就结结实实地跌个屁股蹲，跌得痛死了。丫丫哭着，一只小手还想拉门，另一只手在跌痛的地方使劲儿揉，两只小手忙忙乱乱——小小圆圆的两只手，胡乱地摆动，不知道该放哪里。老太心疼坏了，赶忙上前抱着丫丫，用胖胖的身体裹住她，放在怀里拍拍又亲亲。

"呼噜噜，呼噜噜，"太太这样抚着丫丫，又拍着，"丫丫不哭，痛痛飞走啦！"老太眼神又柔和起来，用脸贴着丫丫的脸，圆圆又软乎乎的小脸儿——皮肤却糙得不像小孩。老太心里痛呀，又生满欢喜，将丫丫搂得更紧了。丫丫觉得暖和和的，两只小黑手在空中挥一挥，好像在同痛痛说再见，又好像在和爸爸妈妈说再见。

后来的丫丫就不再脏兮兮不讨人喜欢了。老太专门去买了花布，裁裁缝缝，做了好漂亮一条裙子。裙子穿在丫丫身上，刚合适——可小黑脸蛋儿，小光头，显得丫丫真难看。老太看着小光头穿着漂亮裙子，笑得直不起腰来，笑了好一会儿，停住了，挽着丫丫去街上买花卡子——以后要留长发扎辫子的嘛！又东翻西翻，添够了钱，买了一小盒雪花膏。老太小心地沾一点儿雪花膏，给丫丫额头、鼻子尖儿、小脸蛋儿上都抹上一点。老太的糙手在丫丫脸上轻轻搓着，嘴里念叨着："女孩子嘛，就是要漂漂亮亮的嘛！"

丫丫笑起来，赖在老太怀里，一遍又一遍地把裙子提起来看看，放下去看看，喜欢得不得了。笑呀，闹呀。裙子天天穿在身上，花卡子也派上用场。老太再不能将丫丫揽在怀里了，丫丫大啦，高啦，比老太高出一个头呢。可是哪天丫丫又磕着碰着——被小猫挠了手，被椅子绊到腿，老太还是要说："呼噜噜，呼噜噜，丫丫不哭。"

"痛痛飞走啦！"丫丫和老太异口同声，然后丫丫伸出手搂着老太的脖子，用脸贴着老太的脸，笑起来。

其实丫丫早就不会哭了。丫丫长大了。

门再次被摔开的时候，是爸爸带丫丫的妈妈和弟弟闯进来了。弟弟有出息，爸爸妈妈供着他上了大学，现在赚了钱养家了——当然，是三口之家，没有丫丫。老太老了，那回丫丫又抱着她的时候，觉得她竟然变得这样矮、这样小。没多久老太倒下了，村里人都讲是癌症，都三天两头跑来看看老太，然后叹气走了。村里人都叫丫丫去找爸爸妈妈来，叫丫丫送老太去医院。

终于门被踹开了。"你怎么照顾的老太！"爸爸一进门就给丫丫一个耳光，"老太生癌症你都不知道！"丫丫愣在原地，随即又手脚忙乱起来。和小时候一模一样，丫丫没读上书，看着老太，急得一点办法也没有。前十几年整日在村里，丫丫在爸爸眼里显得这样无用。

再见到老太的时候，老太躺在病床上，浑身都是管子。病服敞开着，老太露出干瘦的病体。曾经这样要体面的老太，现在居然这样躺在这里，抛掉羞耻，又抛掉尊严。

"丫丫。"老太抬眼看到她，用了好像全部的气力唤她。

"老太好痛。"丫丫坐在边上，哭不出声音来，她趴在床边，说："呼噜噜，呼噜噜。"

"老太不哭，痛痛飞走啦。"

病房里没有声音。这一次，丫丫向痛痛说再见，也向老太说再见。

一次不曾告别的告别

上海市七宝中学高一

陈胤迪

一

他走过登机通道，按着登机牌找到自己的位置。靠窗的隔壁座上已经有人了，是一个长相温和俊秀的青年，透过狭小的玻璃眺望晴空、草皮和地勤，听见他坐下的动静，回头冲他露齿微笑："你好，"青年一指自己，"多斯·桑托斯。"

他一愣，也笑道："你好。"

二

今日的马德里气象条件上佳，飞机很快飞升至平流层，这里没有雨雪冰雹，只有透亮的蓝天和绵软的白云。飞往米兰的航程很长，他只消一个下午，让下弦月爬上天鹅绒般缀着星子的夜空，便将手机摆弄了个遍。

他向窗外看了一眼，飞机仿佛在云与月的冰天雪地间滑行。这景象照理是极美的，但他并未欣赏。他端坐在位子上，不动声色地转头，瞥了一眼桑托斯。

飞机外是暗淡的，机舱内是暗淡的，四周的人是暗淡的，只有桑托斯是亮的。

桑托斯长了一张南美人的好皮相，皮肤白皙，只是朦胧的月光一照，显出纯白的圣洁，映在他深褐的眼眸底。

他张了张嘴，但没说什么。许是飞机也感受到他内心的不平静，剧烈摇晃了几下。毫无防备的桑托斯滑下窗棂，眼看着要撞上前座的椅背，他慌忙把人一把捞回。

桑托斯不好意思地摸了摸刚蹭到的额角，笑着道谢。四目相对，桑托斯看见了他眼中的惊惶，以为他在恐惧气流颠簸，抬手拍了拍他的肩，"别担心，只是气流。"看他仍闭嘴不言，便说："上帝是不会带我走的。没事，我十八岁出事时就懂了。"

孰料他一下抓住他的手腕，惊诧地道："什么意思？你……你十八岁时……差点，差点……"桑托斯诧异地看着他的反应，以极温柔的语气再次说了句"没事"。但他执意再问，桑托斯无奈地解释："十八岁那年我去游泳撞到了池底，当时觉得没事，但第六天去看医生，他说我第六块脊椎骨断裂了。很委婉，但我知道他是在说我可能会高位截瘫。"桑托斯感受到他突然绷紧的肌肉，安抚地说，"但奇迹发生了，两个月以后我又恢复了。所以，你看，这是神的旨意，神是在……"

桑托斯温柔的话被一块突如其来的厚毛毯打断了。他用毯子把他们围了起来。桑托斯不由得问："这是……"可他已经凑了过去，用右手轻轻触碰了一下桑托斯的脊椎就迅速离开，仿佛那是什么易碎的绝世珍宝。"是这儿吗？"他轻轻地问。

这个距离对于两个素未谋面的陌生人似乎太近了，桑托斯甚至感受得到他温热的气息扫过肩颈。桑托斯小声道："是。"

或许是因为毯子下的空间不够柔软却绝对私密，或许是因为乘客大多已沉睡，或许——只因为他颤抖得太厉害的手臂。

"我十五岁那年，"他说，"队医说我心跳过快，让我去做激光手术治疗。"他抬头看着桑托斯，"如果队医没有发现，如果那场手术失败了……那我不是猝死在球场上，就是永远也踢不了球了。"

桑托斯也颤抖起来，他犹豫片刻，伸手抵住了他左侧肋骨第二根，那里正稳稳地跳跃，为每个器官供氧。

"你不怨恨吗?"他在寂静中问。

桑托斯摇头:"凡事都有定期,天下万物都有定时。"

他很艰难地咽下脏话:"不,'人的道路既遮隐,神又把他的四面围困,为何又赐给他光呢?'我痛恨他的安排,那太残忍。"

桑托斯不说话了,他也沉默。两人竟以这样的姿势睡了过去。

第二天苏醒时,亚平宁半岛已经在脚下闪耀出它古老的风韵。他们默契地对昨晚闭口不谈。

桑托斯留意到他一直望向窗外,问道:"你没来过意大利吗?"见他摇头,笑了笑,"意大利很美。"

他的目光聚在桑托斯身上。桑托斯的眼睛又在闪烁。

——这是地中海半空,离神最近的地方。

三

桑托斯没有骗他。意大利真的很美。

春日

上海市川沙中学高一
盛郁文

一

李珊珊吃完了最后一口荷包蛋，把空盘子放进水槽里。春节的余韵尚未散去，眼前的事物还带着笨拙感，包括餐桌另一头的母亲。

她记得母亲九点有一场会议，于是在玄关把脚伸进高跟鞋的时候提醒。后者好像打瞌睡被人惊扰，站起身时把筷子和餐叉碰落在地上，丁零当啷一阵响。李珊珊有些烦躁地瞥一眼手表，晃动她手里的新车钥匙，说她不介意载她一程。

二

张杨路上有些堵，此时打开镜子，旋开口红，李珊珊摇身一变，成了苏珊李。女青年面容姣好，这多半遗传自她的母亲。母亲是公司的主管，再过四五年即将退休。父亲则扮演通常很有事业心的形象，叫她的名字总是连名带姓。家底殷实、双亲和睦、家教严格，去年她有了一名新加坡男友，因此高跟鞋叩地的声音都带着恰恰的味道。

小时候李珊珊学过很多东西，钢琴芭蕾，琴棋书画，可无一坚持，至多在不经意间流露出当年小天鹅似的影子。在恋爱的起初，她问男友爱她什么，男友显然回答不上来，笑出一口白牙，说全部。家庭背景、潜在的人脉、美貌……李珊珊在心里替他回答。她并不难过，因为如果问相同的问题，她也会这么回答。女青年越长大越无法理解自己的童年为什么要浪费在虚无的"才艺"上，若没有那几沓砸入补习班的臭钱，或许她依然春风得意。

李珊珊觉得车内有些冷，伸手打开空调。母亲的一句话仿佛将她打入冰窖。

"我们去哪儿啊？"

三

李珊珊得知母亲患上阿尔兹海默症的时候眼泪就掉下来了，黑色的眼线化开，混着水挂在脸上，远看好像一张精致的脸被水笔画了几道线，否定后欲删去似的。

父亲的脸突然老了很多，眼梢下垂，两鬓灰白，每一条皱纹都在哀悼他骄傲的事。父女面前摆放着瓶瓶罐罐，母亲的病伴随着脑萎缩，在接下来的倒计时里，母亲会忘掉人脸、单词、荣誉、技能，这些空缺会由胡言乱语、失禁和迷茫代替。

母亲身上卷着毯子，疲倦地窝在沙发的一角，安详老去。精神科医生开出的药物只是抑制脱离大脑控制的情绪，阿尔兹海默症是一道无解的方程，所以她放弃了。

李珊珊失眠了。深夜她一个人在网上拼命刷网页，渴望有奇迹的例子出现，哪怕一个也好。突然邮箱里弹出一条消息，男友说，我们结婚吧。

她在冰冷的黑暗里失声痛哭。

四

"砰"的一声，李珊珊的车被人撞了，当时她在想如何回复男友的求婚。只要男友知道家中突然的变故，她就和一片废纸没有分别了。苏珊李变回了李珊珊，她好像在南极的冰原里，白茫茫的，没有任何方向。

她几乎是鼓起最大的勇气辞了职，谁也没告诉。上司看见这一对母女同时消失，想必看出了些端倪。

李珊珊失魂落魄地回家，手机开了又关。

她已经三天没接男友的电话了。

母亲头发散乱，裹着毯子走出去，怀里有一本书。她伸手揩去女儿的泪水，轻声说，能不能读书给我听，我不想忘记得那么快。

她想起这约莫是她高中时代的东西，用铅笔圈画过。"如果天空是黑暗的，那就摸黑生存……但不要习惯黑暗就为黑暗辩护，我们可以卑微如尘土，不可扭曲如蛆虫。"

母亲又睡着了，容颜是满足的。李珊珊曾想过用谎言来掩盖，但她知道谎言没有任何用处。母亲没有放弃她记忆过的一切，哪怕她逐渐忘记了厨房在哪儿，苏珊是不是她女儿。她如此坦然，在遗忘的寒风中刺骨前行。一切到来的时候，李珊珊无助了，她没有。

桌上摊着母亲翻开的书，是她曾爱过的《瓦尔登湖》，她还背得出那句："我曾见过岁月如何奔驰，挨过寒冬，便迎来春日。"

阳光熹微，金色的光芒映照在薄雾之中，驱散凉意，似乎是为春天加冕的歌队，让盼春的人在寒冬中奋力昂着头，像不屈的士兵。

她擦干了脸上的泪，拨通男友的电话："我们分手吧。"

无声叙事

上海市川沙中学高二 丁佳怡

一

夏日蝉鸣，溽暑晨时，伏在案卷中的人猛然惊起，揉了揉惺忪睡眼，眼角处有道略狰狞的疤痕。然更惊悚的是中年男人手肘上如山壁上攀缘的藤蔓般扭曲的伤痕，像坠入火舌中痛苦呻吟的囚者。

"咚咚咚，吱呀——"随着礼貌推开的门，隙间流光缓缓为满室带来光明。来人于逆光处，轻询："您好，请问能查一下卷宗吗？"他看着室内蜷缩着的档案员。

"二十年的卷宗都在这里。你是来查阅案卷的？"见是生客，憨厚的档案员问着。然话音于某人敏感字眼上，换得青年脚步一滞："嗯……嗯。"档案员领着他朝里走，收了开玩笑的心思，道："你说说是哪一件？我在这里十几年了，和这些老朋友可熟了，他们给我面子！"

"嗯。"青年停顿，"二十年前，有一桩案子，跟一个律师有关，好像当时是受贿涉黑案的，最终说是畏罪潜逃，结果坠河身亡。有没有这一份的，相关的也能帮我找找吗？谢谢您了。"

许是室内光线稍暗了些，老档案员走到一边开了灯，踱着步子走了回来，嗯了两声，走到一排架子处，取了一份档案，缓缓走了过来："这是当年陈立宪的案子。相关的……是没有了……"

"怎么会呢……"青年语气比之前多了些许急促，"一定还有相关的，您再找找……再找找……"

"没有了。小伙子，真没有了。二十年前的旧案子了，本来就年代久远了，我能记得的就这份了，你不要抄录调查就还给我吧。"档案员半威胁着对青年比着将档案束之高阁的手势。

青年人"惊慌"拿好，道谢离开了。"当年的孩子，长这么大了啊。"档案室的门缓缓合上，光影渐逝，唯余低沉的长叹。

二

唐尧翻着卷宗，手中认真圈画着誊写的部分语句，时不时请文印处警员协同打印某件重要的文件。

手中的笔不停歇地划动，眼泪控制不住地落下。氤氲泪光间，他似又忆起了当年的情景——

那溺水的窒息的绝望与疼痛，飘摇的雨夜之中，司机狰狞地笑着将车开入了湍急暴涨的巨河之中。父亲紧紧抱住他的那份力度，而后温度渐失的极端的惊惧和恐慌，还有陌生叔叔竭尽全力把自己托举起来的冰凉的手……还有在水中用手肘撞破车窗玻璃的水警和那双把他抱离黑暗的温暖的带着粗糙感的手……哦……噩梦中都能够反复听到的司机那句："自首？你也配吗？你有资格活着吗？你这个律师？哈哈哈……手中沾了多少无辜的血！道义和公正！都被狗吃了吗？你有什么脸面请罪，去阎王那儿告饶吧！"

他冷静下来，谢过一旁清秀的年轻人递来的纸巾，道："我没事，谢谢你。"年轻人歪了歪头，善意地点了两下，关切地又递了张，而后离开了，他背脊挺得笔直，走向了走廊尽头。

唐尧收回注目，抬着酸涩的手，在"谷××"处画了个圈，又看着照片中律师服装的陈叔叔笑了笑，指间摩挲着另一张父亲笑着的证件照，嗯，大学时的照片，充满青涩的味道。

但他也知道，这远不是全部。他永远不会忘记记忆中儿时那个瘦弱的、浑身狰狞伤口的孩子蜷缩在角落里，面目全非的样子……那个孩子……陈敬毛……

三

"好像是父亲带着自己去看望老友，父亲脸色严肃，手中还拿着一个牛皮袋子。后来就再没看到父亲。母亲说了，父亲经常很忙的。长大后才知道，他被永远留在那条河里了。后来是警察跟进后续，没见到那个救我的叔叔，我想他只要一出现，我便知道是他。我要同他学下水的，往后再不怕水了……没等我想那么多，就被带着一同去警局言事，母亲雪白的衣裙几天都来不及换，家中亲戚来了一拨散了一拨。我少有出门的机会，因此甚是高兴。"

"还没到地方，警察叔叔对母亲歉意地说了什么要去另一家受害者那里……"我不懂他量词破碎的含义，傻乎乎笑着。警察叔叔们的表情到了那儿开始就很凝重，我们紧跟着他们，进了被叔叔们合力踢开的门，地上都是凌乱的家具，还有伤痕。地板上爬满了的，有血漫开了，我惊叫出声。母亲赶紧捂住了我的眼睛，说道，不要看，不要看，尧尧，睡一觉吧……可她不知道我已经见着了，一个头发披下来的女人手腕上全是血，跪在一个角落里，是对着角落里破布娃娃一样都是伤口的小朋友。

后来我知道了，那个女人是小朋友的妈妈……怎么会呢？小朋友犯错了吗？不，那我一定要乖乖的，妈妈才不会这样待我……

四

清明时节，雨下得杂乱，年轻清秀的青年扶着气质温婉的中年妇人一步步走在台阶之上。年轻人一手挽着自己的母亲，一手撑着微微左倾的伞，走在蒙蒙雨中。

唐尧只觉有些许巧，若未认错，那是当时档案间的年轻人，自己当时的心情竟也能记着。他是来这里写生的，也是为自己父亲扫墓，如今又多了母亲也在这里安息了。他每年会为自己的逝文作一张画，只看着墓碑上镶嵌的那张笑颜，不严肃的样子，依旧未变分毫，他无奈地笑着，像孩童与年迈父母的打趣。

可当一些话在他走动时传到他耳边，手中拿着的画板几乎快要脱手而去。

"孩子，昨日去找过爸爸了，你都知道了。"老母亲温和的声线，让他想起了小学时最温和的那个女老师，从不生气，永远鼓励着孩子们，他永远记得她的笑，永远记得阴霾之中尘埃中的这份微光，很奇妙，只听到声音便联想到了这么多。然而他未听到年轻人的回答，之后的"对话"才让他心惊不已。

"这是你的母亲，你真正的母亲。她是一个伟大的母亲，真的。孩子，我知道你有印象，可你知道吗？虐打你的绝不是那个温柔孕育你的母亲，那个人是一个被生活奴役的疯魔，她绝无可能是你的母亲。现在躺在这里的，她是……"

"可您说过，我只是小时候弄丢了您，现在您已把我找回来了，对不对？那……"年轻人的嗓音干净而沙哑，透着惊恐。

"那……你知道你为什么叫这名字吗？我和你父亲改了你的姓，但没改你的名字，只因我们希望你永远敬爱生命的力量。她在赋予你生命的那一刻，就注定了那永远剪不断的牵绊。你知道，我们没有资格不让你憎恶疯魔，可我们却真的寄望你真诚地爱她。毕竟在她清醒的意识保有的最终一刻，她是向你跪着的。世间可曾有含泪全心歉然与爱跪下的母亲，你知道她说的是：'对不起……'"

唐尧的眼睛被彻底淹埋了，模糊光影间，他见那人缓缓落地的身影，如世间所有温存的孺犊般将头枕靠在舐犊的母亲怀中，含泪而谦卑，唐尧感觉那种远处尘埃扑面也不刺痛了。

"陈敬生，是你吗？"他轻轻喃语，不敢声张。

五

"您是那个画家吗?您画的作品真的是现在超现实派的佼佼者!太棒了!光与影的交织,现实与虚幻的结合……太棒了……"

唐尧收笔,看着眼前人,轻笑着,道:

"可我是写实派啊。"

六

二十年后,再见到陈敬生是我想象不出的样子,他带着个孩子,但一点不像他,说不出来,但便是不像,正如当初那档案员与他,我也知他们不像,是天赋吧,可这是最不顶用的天赋了。看那孩子,恨不得骑在他父亲背上玩了。

我叫住他,叫了三声他才理会我,与他坐下相谈许久。

我们最终引为好友,我才知他右耳失聪,是小时候落下的根,故之前几次交会,叫他,他皆未听见。

是了,听不见黑暗,未尝不是幸福。

我们皆可以卑微如尘土,但无论世间如何污如泥淖,如何温柔可欺,如何光明万丈,如何黑暗如渊,皆不可,决不可扭曲如蛆虫。

看门人

福建省建瓯市第一中学 苏元悦

一

每天清晨，空气中还残留着昨夜露水的味道，看门人就是在这时起的床，他拿起大扫帚，"唰啦""唰啦"地扫着地，一下一下地划着丝丝的寒气。

当窗外第一声汽车鸣笛响起，院落中便渐渐嘈杂起来了。人们陆续起床，开始一天的活动，来往的脚步总是匆匆忙忙。看门人这个时候坐在大门前的藤椅上，一言不发地注视着进出的人们。

夕阳西斜，看门人放下手中的工具，满意地审视着自己的劳动成果：今天拆了一张木床，修了一条板凳，还捆好了这几天收集来的硬纸板和废报纸。然后，他重新坐在大门口，看着外出的人们归家，偶尔用沙哑的声音叫着："哎，××，你的信件。"

夜幕降临，看门人窄窄的小屋里亮起了暖黄色的灯，透过破旧的窗户可以看见他戴着镶金边的大框老花镜，在灯下细细地读报纸。

这个院落是他小小的王国，他是这里的国王。

这个院落很老了，可它却像个麻烦的孩子，常常对着看门人发脾气：木门被腐蚀了，歪歪斜斜地靠在墙角，上面布满了细密的蛛网；石板路面四处翘起，可以看见肥大的老鼠在里面穿行；屋檐下一排路灯总是轮番罢工，在夜晚此起彼伏地闪烁，像是无声的抱怨。而看门人仍然充满耐心地对待自己的老朋友，像年迈的父亲温柔地对待他尚年幼的儿子,他换好了灯泡、清理了秽物,把能补的一切都补上,他还在空地上种满了花草,每日细心照料,给这个院子添上了勃勃生机,他同样真诚地对待这里的每一个人,帮他们收发信件、跑腿、清扫楼道。

他从不觉得委屈,也不感到厌烦——这个院落仿佛就是他的生命,也是他全部的生活。

看门人年纪虽大,但也硬朗,他日复一日地做着木匠活、清扫整个院子、整理废品、摆弄花草。有时,他还会骑着一辆叮当作响的自行车出门去。他似乎不会生病,也不会老去。看门人全身心地热爱着这个王国,他像是这里的灵魂——而灵魂,是不会老的。

二

可春去秋来,看门人的模样却越发苍老了。他那原本沙哑的声音更小了,他只能着急地比画着,从喉咙艰难地挤出几个字:"你的信。"

他歪坐在藤椅上不断地咳嗽着,像楼道前那扇歪斜的木门。他不如从前了,那双枯瘦的手虽然还能自如地使用工具,却怎么也做不了好木工活了。他扫地时休息的次数不断增加。

他似乎对这事实不大服气,他更加努力地干活,却怎么也不尽如人意。他可是这的国王呀!怎么能轻易倒下呢?但渐渐地,他对自己失望了。他好像真的老了,自己热爱了这么久的王国,现在无法统治它了,只能仰天长叹。

三

终于在某天傍晚,人们发现看门人的小屋敞开着,里面的东西几乎全搬空了,只剩下一张木板床,在纷纷的议论声中,人们知道他住进了养老院,不免一阵唏嘘。很快,来了一个新的看门人,比之前的年轻,也更有力气,他接管了这个王国。

于是，人们很快忘记了原先的老国王。

只有那些扎根在角落空地上的花花草草，永远都记得所发生过的一切，与它们的国王。

初夏的感慨	张璐婧
白夜行	唐缘情
初夏的诗意	张贝瑶
倾听初夏	毛悦旸
庸俗的六便士与孤独的月亮	过静霖
匕首	吴睿卿

第七辑
倾听的诗意

初夏的感慨

上海复旦大学附属中学高一
张璐婧

六月本是个承载了很多浪漫的时节。

初夏的风吹过山谷，拂过田野，再来到我们生活的城市，引得街旁日渐葱郁的大树一阵兴奋地低吟。花儿在阳光下毫无保留地绽放色彩，于是阳光仿佛也变成彩色的了，明晃晃的，带着这个季节特有的性格。就像孩子们在操场上争相玩耍的时候，远处的铃声响了，清脆而悦耳，仿佛是另一片操场上有趣的游戏。

然而那并不是操场，而是无数间不大的、明亮的、再平常不过的教室，坐着些表情凝重却稚气未脱的年轻人，他们说，那是他们的战场。他们带着不同的心情走进这间教室，几个小时后再以不同的心情迈出，或悲伤或喜悦，或坚定或迷茫，或好或坏的结果在那一刻注定，他们却要花长得多的时间去承受这份答卷。考场里的每寸得失，交换的都是人生。每个考生都曾是稚气未脱的天真孩子，也在同样的初夏时节玩着摇铃的游戏，但这一次，他们输了就很难重来。

我大抵是很讨厌初夏的六月被唤作"黑色六月"，也讨厌高考这样千军万马过独木桥的竞赛。因为它太残忍，因为它向不谙世事的我们展示了世界真正残忍的样子，而我们却总幻想能一直玩着输了还可以重来的游戏。但我明白自己早晚也会成为千军万马中的一员，所以只能用复杂的眼光看待这场悲壮而伟大的游戏，以及那些全力以赴无所畏惧的玩家。当然，还有那个原不必去玩这场游戏的他。

他是曾经的男神，曾经的数理化竞赛大满贯，然而，努力、天赋，一贯保持的优秀，却拗不过命运的翻云覆雨之手。竞赛或许是个比高考更残忍的游戏，考得好直接保送，考得不好便颗粒无收。所有人见证着他的努力，也见证着他的失利，叹息，遗憾，嘲笑，旁人多愁善感地评论他的失利，轻得比不上一根压在心中的鸿毛，他却要独自承受一场小小考试带来的后果，没有了竞赛生护体，他只能不回头而笃定地奔向独木桥。

然而高考结束后，当我看到他自信而自豪地发出"这是五万人的战场"之时，当我看到他抱着如山的教辅从教学楼前走过时，当我看到他的脚步坚定而无所畏惧之时，我想起的是高三教学楼的灯光，在暗蓝色的夜幕下，灯火通明得那样温暖，仿佛远处坠落的星光。那是无数人的努力，无数人的拼搏，在这个初夏，孩子们不再沉溺于童话的游戏，他们勇敢地承担起生命的重量。

突然明白高考为何放在初夏，不仅是因为天气宜人，不冷不热，更是因为它预示着新的阶段：树开始变得茂盛，花开始结它的果子，而他们也要开始新的人生。

我们是未长大的孩子，我只能感慨这个命运的征程。但这个初夏告诉了我，什么是真正勇敢的人。考场确实交换着命运，可勇敢而努力的人，换来换去，总会换到他想要的结果。

（指导老师　司保峰）

白夜行

上海市市北中学高二 唐缘情

《了不起的盖茨比》中，盖茨比的父亲曾这样对他说："不是所有人都拥有你所拥有的天赋和优势。"这无形中也提示了人生而不同的真理。

这种不同，可能是地位、家庭、种族，不是所有人都拥有在阳光下生活的权利。"如果天空是黑暗的，那就摸黑生存；如果发出声音是危险的，那就保持沉默；如果自觉无力发光的，那就蜷伏于墙角。"我们始终应该学会去接受这种不平等，学会摸黑生存。

不幸而懦弱的人，被黑暗吞噬，迷失自我。

不幸的人各有各的不幸，也各有各的选择。懦弱的不幸者在生活的敲打中，颠沛流离，终不再对生活发问，成为被黑暗支配的傀儡。他们或许曾想过抵抗，想过反击，但黑暗在无形中演变为一种可怕的习惯，从根本上将他们支配。一部有关贫民窟贩毒的电影中，一个黑人孩子最终拿起枪，击毙了家族中唯一拒绝以贩毒为生的人，在令人愤怒的同时，我更能体会到一种悲哀。这种悲哀和由一个绞杀无数女巫的地方军官所说的"我的正义传播太广"不尽相似，他们都将黑暗当作正义的盾牌。

不幸而执着的人，用力打碎黑暗，照亮自我。

罪犯和艺术家的共同点是，他们都对生活本来的样子有所不满。而有高贵而执着的，是不甘沦为罪犯的，他们宁为自己创造一个光明的世界。肖申克背负虚有的罪名入狱，事业有成的他一夜间便沦为千夫所指的谋杀犯。面对一生的牢狱之灾，他开始和生活进行惊心动魄的赌局，十几载的光阴，他瞒过了所有人，瞒过了黑暗，用一把小铲子挖开了通往新生的道路，尽管彼时已年逾不惑，青春不再。但他依然成功了，自由的空气中有泥土和着雨水的味道，都是阔别了那么多年的辛酸而欣喜的滋味。我们始终有机会选择做一个"艺术家"，无问成败，真正不愧对自己拼搏流的汗水。

其实我认为，黑暗与否，不过是一种抽象的概念。

真正勇敢的人，可以在黑暗中，光明磊落地行走。

说到底，人的经历不过是平凡又平凡的，是心灵历程的差距，在人与人之间埋下鸿沟。"不要为自己的苟且而得意，不要习惯了黑暗就为黑暗辩护。"身处黑暗中，仍可以有向往光明的视线。《悲惨世界》中的芳汀可以说是黑暗的选民，同事间的尔虞我诈，使她丢失了赖以生存养活独女的来源，极度悲愤之中，她卖掉了一头长发，甚至卖身给女儿提供活下去的机会。我难以忘记临终前，早已被生活折磨得残破不堪的芳汀，将女儿托付给冉阿让时，眼眸间闪过的一丝光芒。这种光芒中，仿佛有不舍、遗憾，但更多的是憧憬和希望，那是一种虽从未亲身体会，但能赋予女儿的最后遗物，是能够将黑夜幻化为白夜的烟。黑暗使她卑微，却没能让她扭曲。

《白夜行》里说："我的人生中没有太阳，一直都是黑夜，但有东西取代了太阳，虽然不是那样耀眼，但已足够。"

我们始终要学会在白夜中行走，找到能够代替太阳的东西，或许成为自己的太阳，来照亮无尽的黑夜。

初夏的诗意

上海市七宝中学高二

张贝瑶

流年容易把人抛,红了樱桃,绿了芭蕉,倏忽漫风至,又一年步入蝉夏。于这流云的初夏,竟也会为生活中的美好所驻足,那份对生活的热爱如春风般温暖着我的心,在心底荡起层层涟漪,久久不散。

暴风雨的色彩

踽踽独步于半亩方塘,渴望在荷塘一隅寻找到一处心灵的栖息之所,获得喧嚣之外久违的宁静和惬意。

此前在脑海中早已预设好满塘荷花亭亭玉立,在明媚阳光下静静开放的优雅姿态,虽没有"接天莲叶无穷碧""天光云影共徘徊",却也保持着"出淤泥而不染,濯清涟而不妖"的高雅。然而,生活总是会给予我们意想不到的意外,刚刚还晴空万里,转瞬间便乌云密布,倾盆大雨如泼如注。

疾风扑面,骤雨初歇之际,只看翡翠般的绿叶消散四处,凝脂般的花瓣被粗鲁地摧残,枝干凌乱却未被折断。原来,生活于我们不仅仅只是晴天,在更大更广阔的天地,晴朗绝不是唯一的天气。

在这初夏的暴风雨后,即使绿叶红花消散,枝干依旧挺立,尽力用微笑撑起那一片璀璨和绚烂。望着眼前所见之景不禁心生感慨,嘴角不自觉地扬起一个向上的弧度,默默下定决心,无论生活给予我怎样的天气,都要尝试着改变暴风雨的色彩。

诗意的栖居

惠特曼曾在其诗中写道："我闲步，邀请我的灵魂，我悠然俯身观察夏日的草叶。"于初夏闲庭信步俯身观察草叶是何等的诗意与雅致。亦有诗人云："我怀念的是鸟鸣时的那种宁静。"即使身处喧嚣依旧努力创造一片宁静，给生活增添一抹淡蓝色的诗意。

林语堂曾说，最好的生活，莫过于回到生命的原点，"小楼一夜听春雨""轻罗小扇扑流萤"，便是"粗布衣，短衣裳，薄薄酒，胜茶汤的质朴"。濮水之畔的庄子心如澄澈秋水，用一句"往矣，吾将曳尾于涂中"将多少人求之若渴、趋之若鹜的相位扔进了濮水之中。

腹有诗书气自华的苏轼几经仕宦沉浮，用诗意为心灵打开了一道缝隙以吸纳清风与明月，便吟唱出"莫听穿林打叶声，何妨吟啸且徐行"，用"一蓑烟雨任平生"的乐观谱写出了生命的华彩乐章。心存诗意，于是清照不再叹"我报路长嗟日暮"，而是"九万里风鹏正举，风休住，蓬山吹取三山去"。于是凡·高不再困惑迷茫，坚定决心用画笔描绘了一个万物在阳光下按照同一节奏舞蹈的世界。顾城说："我需要最狂的风和最静的海。"大钢琴家霍洛维茨说："我用一生去发现原来朴素最有力量。"

诗意是淡泊名利远离喧嚣，是放慢脚步驻足欣赏，是悠然感受自然馈赠，但在这初夏我意识到真正的诗意不单单只是优雅时光里赌墨泼茶，闲暇时光中莳花弄草，而是即使身处困顿中也不忘抬头看看柳梢西月、檐角的星。

王尔德曾言："吾辈皆身处沟渠之中，然其必有仰望星空者。"于我而言，这才是生活所应该有的真正的诗意。给心灵一道缝隙，在困顿之时让清冽的泉水渗入其中，让和煦的阳光洒入其中，吸纳清风与明月的宁静也增添了生命的厚度。

还生命以过程

夏日的草叶总是充满蓬勃的生机与朝气，路旁的野草与不知名的野花总顽强地探出脑袋，一窥这大千世界的风采，满心好奇地注视着芸芸众生。

　　散步之际，脑海中因这些生命的初生想到纳兰容若的一句"欲诉幽怀，转过回阑叩空门"。生命总是要经历新生到最终凋落衰亡的过程，我们无法改变也无需改变。

　　当下便是最好的时光，把握好当下便不辜负时光，将生命赋予新的意义。既然我们不能延长生命的长度，我们可以拓宽生命的宽度，增加生命的厚度。历史的车轮同样如人的生命一般滚滚向前，不分昼夜。无法设想庞贝古城需要重建，无法设想宋版图书需要镀镍，人也会必经衰老的过程，不必惋惜或慨叹，还历史以真实，还生命以过程——这是人类的大明智，也是生而为人处世的大智慧。初夏这片嫩绿的新叶正蓬勃生长，到最终也将"零落成泥碾作尘"吧。我们应生如夏花，死如秋叶，将能把握住的一切做到极致，这样便做到赋予生命以新的意义。

　　初夏的感慨，亦是生命的哲思与启迪。

（指导老师　刘　荣）

倾听初夏

上海复旦大学附属中学高一

毛悦旸

　　从前的初夏，是一方火。经年灰黑色的土嵌在静静的灶头墙里，灶头墙一定是因为有了坚固的灰土才得以矗立在那里。方方的灶口前坐着小小的我，我悄悄地偷窥墙里的火。它伏在木头上，大口大口地啃着木头角上锈掉的铁钉，有时候从木头上掉下去了，又要噼里啪啦地爬上来。好安静，只剩下火燃烧的声音，好温暖，是从我后脑勺的窗户缝里挤进来的阳光。大铁锅里翻腾的是刚刚奶奶教我包的粽子，东三江边采的粽叶，灶头主人阿婆准备的糯米，清水里粘着米的粗糙的手。我在想，为什么粽子要包上粽叶？包的时候得采、得洗，吃的时候又得拿掉，粽叶一定要存在吗？我看着那伏在木头上的火：或许禁锢我们的东西，都是我们所要依靠而能成形的。

　　后来的初夏，如同今日一样的天气。我看到那无聊的抠树皮的人，才惊觉梧桐树们正在将去年树皮褪去，露出白色的新皮。我心嘲讽：喂新蝉，耳也似乎能听到盛夏震耳欲聋的蝉鸣声。我看到校门口挤满送孩子来比赛的家长们，他们或坐在路边刷着手机，或将手机举到最高处拥在门口拍着他们孩子离去的背影，或三三两两地交流着育儿经。那些妈妈看上去苍老而憔悴，或为着"比赛能不能用铅笔"而与丈夫争论不休。我听之可爱、无奈而可悲，我觉得这些家长像被套上鼻环的牛，任生活差使，将自己献给孩子而没有自我。牛啊。

　　然而我是错的，我大错特错，这些不过是我的主观臆断罢了。我真正应该嘲讽的，是自私而可爱的自己。是我赋予了新树皮以"喂蝉"的名义，是我给家长们贴上了"鼻环之牛"的标签，是从前那个小小的人就夺取了蜜蜂们的家园并在作文上轻轻地写下"勤劳的蜜蜂们啊"；是从前小小的我写下"美丽的蝴蝶姑娘"后看到了爷爷捏住的蝴蝶，它瞪大眼睛拼命扭动着躯干，我竟然感到它丑陋无比，看到它被放开后的翅膀上爷爷两个白指纹的痕迹，我不感到悲悯，而是感到深深的战栗。

我是多么自私的动物，我们又是多么自私的动物。

我退出人群，看到拐角处的几只石凳。绿墙红架上挂着许多只鸟笼，老人们饶有兴致地看着不停跳跃的鸟儿，我耳机音乐的背景下平添了好多鸟儿的鸣叫。我也站在那儿看可爱的老人们观鸟，我才发现鸟笼不是圆的而是方的，老人们背着手交谈着，扬着眉毛赞着。我感到我就是鸟笼里的鸟，老人们观鸟，鸟也在观老人。

偌大的宇宙不过是一个动物园，黑洞里面套黑洞。我们寻找黑洞里面是什么，而自己就身处黑洞中；我们想在车里看到车外的狮子吃只羊，不知狮子在那里打个哈欠，愉快地看着车里的我们兴奋的表情。

我是自私的动物，但我要学会顺应天机，学会不去羡慕自然的本领，同时也学会不去嘲笑自以为是的无知；学会敬畏自然的奥妙，同时也学会不自负地凌驾于自然之上。我是无法认识完整宇宙的尘埃，但我一样可以随历史的车辙而扬起，以天地为棺椁而长眠。我追逐自由，但我同时要明白自由的尽头是禁锢，禁锢我的，是塑造我给予我自己的存在。

大鹏鸟一拍翅膀可以飞越一个半地球，风阻碍她，可她乘风而起。万物都在顺应天机，我不配做一个尖刻的评论者。

后来的初夏，是幢小小的平房，准备糯米的阿婆已经搬走了。一把扫帚、掉红漆的铁门在阳光里静立，我不由肃然起敬，久久地站在门前。初夏的风穿过我的身体，未来在煮粽子的青烟里缥缈，我的生活被嘈杂、繁忙、失去、获得所占满，我仍在不断嘲讽与自嘲中轮回，但是不要紧,我做不了完全的清醒者,起码我能在初夏的风里做个半睁眼的人。

(指导老师　张　平)

庸俗的六便士与孤独的月亮

上海复旦大学附属中学高二
过静霖

生而为人，我们常常会陷入抉择两难的困境。也许初来乍到时，每一个人都有数说不尽的理想抱负，但那心中的月亮，也只能在一天天应对生活的鸡零狗碎的繁忙中变得越来越孤独凄清。而当我们好不容易放下那些现实中的琐事，重新审视自己的人生时，我们才发现自己的月亮原来已经被搁浅良久。

于是，我们犹豫了。眼前的日子虽安稳幸福，但把自己的人生价值局限于那些六便士未免太过庸俗；而看似皎洁美好的月亮，它上面的一切都是陌生未知的：你甚至不知道，当你拼尽全力接近它时，朝你而来的是月光还是陨石。

在这种情况下，我想我会选择尽量做一个纯粹的人。何为纯粹？那就是在这两者之间，有一个清晰的抉择。我们可以选择用任何一种方式去实现自己存在的价值，而实现价值意味着我们势必要放弃一些宝贵的事物。然而，若我们始终在两者之间挣扎、纠结、懊悔，那我们的人生将会陷入永恒的困境。

先说月亮。一直以来，我都认为能够拥有理想是上天赐予的天赋。是那股奇妙而又不可言说的力量推动着你去义无反顾地完成某件事情，你也从未因为你为此牺牲的一切感到懊恼；遇到逆境时，你也不会自我怀疑，因为那是"理想"带给你的底气与倔强。根据马斯洛的需求层次理论，人确实会为了金字塔顶端"自我价值的实现"去舍弃某些基本的需求——而这也正是这些纯粹的理想主义者的伟大之处。他们仿佛觉得，孤独的月亮就是自己最终的归宿，也正是因为如此，一旦到达那里，他们的人生目标就已全部达成，也就是在那一瞬间所有一切都失去了意义。这也能够解释为什么斯特克利兰德在临终前嘱咐妻子烧毁自己倾尽一生完成的画作。对这类人来说，追逐理想是生存的本能。或者说，并不是他们去追逐理想，而是理想击中了他们。他们有着干净利落的喜怒哀乐，有着超脱世俗的清醒理智——但他们是孤独的：因伟大而孤独。

被上帝选中的这些天才，自有他们的痛苦与快乐、得到与失去。对于大多数人来说，我们不过是普通人中的普通人。我们也许披着"追逐月亮"的外衣，勤勤恳恳地创造着用以养家糊口的六便士，为自己平凡的生活增添一点点可能的诗意。但是，我们大可不必为此感到羞愧，因为简单纯粹的平凡也有其伟大之处。

这样的生活，既没有雄心壮志，也不必割肉喂鹰；这般的平凡乃至平庸，让我们拥有人世间最简单的快乐，吃饭喝茶看一花一树，对痛苦很迟钝，对生活很满足。不然，怎会有三毛笔下的"安于平凡，真不简单"，汪曾祺先生又怎会感叹"家人闲坐，灯火可亲"的温馨。一心珍惜当下，一心追寻眼前的六便士，这样活着也不能说不是一种幸运。人最终都要回归尘土，平凡才是唯一的答案。连诗人海子这样的天才也在他奔向月亮的孤单旅程中告诉我们："远方除了遥远，一无所有。"

于是，努力做一个纯粹的人，无论我们是被上天赐予了理想的力量，义无反顾地向自己的月亮追逐；还是安心做一个平凡的人，享受简单的快乐与幸福：当我们拼尽全力，问心无愧时，通往月亮的冒险之旅也就不再孤单迷茫，寻找六便士的平淡岁月也便不会庸俗漫长。只要成为一个自己想成为的纯粹的人，人生的价值，也就实现了。

匕首

上海市敬业中学高三
吴睿卿

  我独坐在书桌前，对着窗外的夜色出神。这时我就能离开我的房间，来到更为广阔的地方，去细细体会这夜的黑沉。

  这夜色与百年前的夜色有什么区别呢？我答不上来，或许多了些明媚灯光，藏起了星星吧。但是有一点我是很肯定的，我们之中少了一颗璀璨的明星。

  鲁迅先生就曾定居在虹口区新式里弄的一幢房子里，四周是温饱的市民。他在深夜里所见的景色，或许和我们眼中所见到的不同，想必绝非仅是充斥烟火气的屋子，先生的目光一定更具有穿透力，能见到普通人所不能看见的星空。年轻人害怕没有屋顶，因为相比起星空，务实是更重要的。星空虽然带给人们深邃的思考空间，但不常常是星空，也可能是一场暴雨，轻而易举地摧毁之前的努力。所以他们安然地待在封闭的世界里，务实而且庸俗。而鲁迅先生是不同的，一个真正的思想家从来不会畏惧来自精神世界的冲击，这里从来不是别人的跑马场。如果有俗人让他在思想和妥协中做一个二选一的选择，他一定会放弃自己的生命，去选择绝不庸俗。

  但思想的强大并不能阻止人的衰老。当蟋蟀在秋天缓慢地进屋，似乎就成了无法过冬的预言。不夸张地说，此时先生已经是没有什么余力了，他在生理上所能承受的重量几乎是零，但同时他的精神上所能承载的力量接近于无穷。鲁迅先生在病中，却看到民族受到的苦难，在枪炮的火光里，却看到了死寂的黑沉。他没有因为这样的困难而彷徨，而是为了这黑沉而呐喊。他走起来，就是铁流；他止步处，就有堡垒。

在和许广平先生一起建立家庭的同时，他也不断地建立一个背离世俗与血脉，而拥抱精神血脉的大家庭。即使是在秋蝉的预告中，他仍然要用反语，要用一些漂亮话来夸赞这些精致的享乐主义者。在这个摩登的时代潮流的开始，他要赞颂黑土们，他要质问享乐主义者们，是谁滋养了万物，是谁承载了人类的苦难和希望？当空气都轻佻，当视线所及，耳骨所响都是桃花色，他要将责任担在肩上，这责任囊括了过去、现在、将来，先生要踏出沉重的步伐，让这孤寂的声音穿过封闭的屋子。他要在无边的孤愤中，要在沉默的黑土里，丢弃一把手术刀，去挖出一把匕首来，刻在被泪水浸润的纸上。

"无穷的远方，无数的人们，都和我有关。"

除了享乐主义者们，还有许多眼界狭隘者，他们不承认世俗血脉之外的联系，只关注自己的土地。但鲁迅先生却不这样认为，他的内心之光要让所有人看见，中国人民所遭受的苦难黑暗要由他改变。当"人"的定义不再仅仅是自己，那么就能接受"人们"的概念，那么全人类的苦难就能照见自我的内心。

"贪安稳就没有自由，要自由就要历些危险。只有这两条路。"

这句话写于"五四"时期，在那个时期，中国人安稳与自由不并存。当链锁囚禁了安稳，自由被粗暴地分解，藏在了角落，鲁迅笔下的刘和珍以及诸多的烈士，就是从流出的鲜血里，走向自由的。这样的热血，就被安稳的同胞们拿着白面馒头，争相地蘸着吃了。

这样的文字，是鲁迅先生带着泪，刻下的，也要让和他一样的同胞们带着泪看。民族长久的历史终于要被这锁链带到尽头了。

是在安稳里烂下去，还是流着血站起来？只有这两条路了！不再逃避，不作妄想，鲁迅先生用匕首，深深地刻画在了纸上。

那是怎样的声音？像是求自由的指甲在安稳里不断地抓挠发出的声音，像是被剥夺自由的中国人，看着孩子被掠夺发出的哭喊声，像是充满朝气的青年人,他们的皮肉被白刃刺穿,与骨骼发出摩擦声。

于是在这匕首的刻画声中,无数青年用黄色的血管和红色的鲜血向自由涌去。自由就在陈独秀高举的右臂,从闻一多破碎的眼镜,开始一点点出现了。

这是不易得的自由,如今在我们手里了。在这个时代,自由与安稳可以兼得,我们也明白了,真正的安稳来自真正的自由。

所幸在烟火气中有了不庸俗的思想,我们的生活环境也越来越好。但我们不能被这安稳裹足。现如今,作家为了迎合读者,写出了庸俗的文字,这样的事情已经屡见不鲜。我们要不断努力,也希望有更多的思想者能够改善这一现状,直面现实,揭露笼罩精神空间的迷雾。

在这个时代,我们似乎对鲁迅了解得更多,但我却感到悲哀。郁达夫说:"没有伟大的人物出现的民族,是世界上最可怜的生物之群;有了伟大的人物,而不知拥护、爱戴、崇仰的国家,是没有希望的奴隶之邦。"我们是否真正地纪念了鲁迅先生,这是对自己的考问。近几年,可以看到对鲁迅一些行为的批评。那么,过高的道德要求是否失去了真实的束缚,成了虚伪的体现呢?当然,更多的则是恶搞先生文章内容的图片。或许,愿意细读鲁迅先生文章的人已经越来越少,更多的人则抛弃静心读书的延迟满足,去追求多媒体带来的链接快乐。在此,我不建议去单纯批判这些人的做法是否得当,是否缺乏了心灵的充实感,我更希望能将多媒体与传统文学进行有机融合,使我们更容易去了解先生的文字。

希望我们每一个中国人的心里,都不会忘记那把匕首,在纸上用力刻画的声音。

(指导老师　王开卉)

老巷的初夏	臧　琦
边缘	李兰心
怀里抱狗的那个人	欧阳慧
外婆的小巷	李明威
旅途	张星烨
电话线	姜　怡
人约黄昏后	吴闻起

第八辑
小巷印痕

老巷的初夏

上海市杨浦高级中学高一

臧 琦

在我家后面有一条老巷。

这条老巷不知是什么时候建成的，但从我记事起，它就在那儿了。宛如一个年迈的长者，安静地伫立于一片繁华的商业区之间。

老巷的地面是柏油打底衬上水泥的。这样说的原因是因为老巷实在太老了，老到柏油马路坏了，老到没有人记得这里还有条马路，还有条老巷，所以街坊邻居只好自己动手，用最普通的方法修补"缺口"。

夜晚时分，从老巷走过，可以看到一个个破旧的二层小房在暖融融的灯下晕出毛茸茸的金边，人们可以听到老旧门板后传出的"家"的声音："囡囡，多切蔬菜呀（多吃蔬菜）。""侬好做作业去了哦（你可以做作业去了吗）？""今造肉扁宜老多额（今天肉便宜很多）！"可以嗅到老巷的味道，是清甜的青草混合花香，是从小窗透出的饭香，是阿母身上的花露水味。

这是我最爱的老巷时间。

初夏来临时，巷口的西瓜已然卖得火热，可抢手哩。王阿姨家买一只，李阿姨家买两只，刘伯伯只和老伴住，就买半只。倘若这个时候夜晚去老巷走一走，定然是收获满满的。"吃瓜哦？""我新做的香包送你一个。""来我家坐坐呀，新熬的绿豆汤来一碗哦？"

这样的老巷是心里的牵挂，是那股散不去的甜味，是屋檐下刚探出头的小草，倔强生长。

"你好？请问这里是老巷吗？"那天，那个背着厚重双肩包，脖子上挂着一个大机子，戴着细腿眼镜的年轻人这样问道。被问到的阿妈侧耳听着，思考了许久，才扯着嗓子喊道："这呀，是呀，小伙子侬有撒事体哦（小伙子你有什么事）？"

小年轻皱了皱眉头，似乎不太适应阿妈陡然增大的音量。但他还是微笑着点了点头，我理解为成年人的道谢。彼时的我坐在王伯家的树下吃西瓜，他路过我时，我听到了一声叹息混合着不太清晰的一句话，它们很快就被习习的夜风吹散了。

"老巷原来这么破，正想着来取景的呢。"

破？破么？应该是的吧，我望着墙壁上脱落的石灰想着，刘姨家晾出的衣服在晚风中摇晃着，发出扑落落的声响。显然小年轻（请允许我这样称呼他）看到的老巷和他所认为的老巷有些偏差。也许，他认为他能看到晚风中街坊邻居在树荫下乘凉，也许他认为他能看到小孩在小板凳上听阿妈讲故事。但这都只是他"认为"的"现实"。

"现实"与"现实"之间是存在差异的，从不同的角度看过去，是不一样的。婴儿是可爱的，但他也是那个半夜哭闹令人心烦的存在。山间生活是恬淡静谧的，但它也是蚊虫肆意条件不便的去处。老巷是温馨的，但它也是破败老旧的。

每个人都愿意看到自己想看的，这是人之本性，避无可避。但我们可以决定面对这些差异时的态度。我们可以接纳，可以包容，同样也可以排斥，可以暴力，后者也就是如今网络暴力的起源了。"一千个人眼中有一千个哈姆雷特。"哈姆雷特是什么样的，就代表了你的思考方式；怎样面对一千个哈姆雷特，代表了你为人的态度。

在这个时代，每个人都是表盘上的一个小齿轮，每日都在忙于奔波，忙于面对世界上千千万万个"哈姆雷特"。面对世界上成百上千的"老巷"，但世界的飞速运转让他们失去了思考的时间，无力解析他人的哈姆雷特。

究竟，是世界选择了现实，还是我们选择了现实？

这样的问题不适合我这样的小孩呀，我想着，把脑中的想法顺着夏风塞进了刘姨衣服的口袋里。

"这是老巷的初夏呀。"我感慨。

（指导老师　李润玉）

边缘

江苏省南京师范大学附属中学高二 李兰心

合欢开花时，根本分辨不清树的轮廓，只有一朵绯红的轻云，隐在澄澈的碧空中而已。画家在画作中有意模糊笔触，想必也是出于心中的浪漫。模糊了界限，不论是有意还是无意，都将那点尖锐的尴尬抹去，从此冰释前嫌，相安无事。

蓝与白，本是极为鲜艳的两种颜色，却能够经由天空之手，创造出悱恻的美。不知道是云朵融掉了天空，还是天空融掉了云朵？

成熟的苹果，由暖暖的黄到热情如火的红，是灰姑娘的后母利用魔法创造了这诡谲的把戏。由表层的甘甜到果核的微酸，使人联想到这个承载着无数生命的蓝色星球。外部坚实可靠而内部竟是炽热的流体，或许在固体和液体之间，还有物质的第四种形态。

生长的藤蔓。绿一层层晕开，在指向天空的一端有最晶莹的绿色，在贴近泥土和瓦砾的一端有最浓郁的绿色。在茎的底部发出根系，但谁也不知道那部分究竟是根还是茎。流星一样落进泥土中，在最深处不知道与什么秘密地接壤。失手打碎一盆花，看到的既是根也是泥土。也许根自己也不知道，自己是根，还是泥土。

一、周小方

就连12岁的周小方养的那只猫也一样。三种颜色由神秘的造物主织进柔软的皮毛里，黑白黄分明，却没有办法说清每一个色块、每一道条纹的边缘。它总是在午饭后卧在他膝上打一个盹，也不知道究竟算中午还是下午。

周小方觉得这一切都很有趣，很神秘。这种模糊的看不清边缘的美感让他有种说不出来的好兴致，几乎成为他人生的信条。所以当他发现自己无论在什么方面都与村里的人隔着一层不知道是什么的隔膜时，他的心里是有点沮丧的。但既然有隔膜，就必定有边缘，可是这边缘究竟在哪里，周小方也不知道。

村里人到他们家大槐树下闲谈，都会用同情的眼神看看坐在屋顶上看天的周小方，再压低了声音对他妈妈说些什么。然后，他妈妈就忍不住开始抹眼泪。

妈妈是这个世界上最可爱的人，如果有人让她哭了，那么一定是坏人。周小方决定不和坏人说话，但是也没有人去和他说话，这又使他有一种被剥夺了什么权利的感觉。

荔枝是周小方所认为的村里最可爱的小姑娘，可是他并不知道，荔枝是什么意思。妈妈告诉他，荔枝是一种在热的地方才生长的水果，在古代是只有皇帝的老婆才能吃到的。周小方听了很欢喜，但又有点不高兴。他想：皇帝是什么人？荔枝怎么能是他的老婆呢？

从家里走到海边，要一千八百三十二步，周小方已经数过好几遍了。海滩就是一个能够满足周小方兴致的地方，无论是海水渗透到沙粒里，还是把他的脚印抹平，都让他分不清是海水还是沙滩。站在沙滩上，当潮水收回它伸出海床的肢体时，都会贪婪地掏走一些他脚下的沙子，让他有一种往下陷的恐惧感。海风拂到他的脸上，细碎的沙粒敲击着他的牙齿。真好。脚下是沙滩，而头顶是天，中间的就是这种沙滩和天的混合物。

当然，从海边走到家里，也是一千八百三十二步，这一点是绝对不会有错的，这似乎是周小方喜欢的诸多事物里唯一一件显得清楚的事物。也许就像一加一等于二、种下大豆绝不会长出西瓜一样地准确。

不知道什么时候事情起了变化。这天，13岁的周小方再一次测量了从家到海边的距离，变成了一千八百三十一步半。他不相信，又测量了从海边到家的距离，还是一千八百三十一步半。他惊慌地跑进家，叫道："长度变了！"

妈妈问他什么长度，他说，从那边到这边的。

妈妈勉强笑了笑，并没有理他。

于是周小方垂头丧气地走出家门。妈妈怎么能不明白呢？如果连这个事实都变了，那么其他的东西也就没有不变的了。

三个月后，一千八百三十步。

一年后，一千八百二十八步。

三年后，一千八百二十步。

周小方想，不是自己的家在向大海移动，就是大海要把家淹了。于是他在村子里一路跑一路大喊："村子要被水淹啦！"

村里的人先是一惊，然后把头探出屋门一看，是周小方，便叹了口气，又转过头去对家人絮絮叨叨地说了些周家媳妇的苦处，几个人叹息一会儿，也就算了。

于是周小方决定把数字刻在槐树上，每月记录一次。用刀子划破树皮，并没有像人一样流出什么液体，只是切口有十分让人心疼的绿色，好像要溢出来。最先刻下的痕迹已经失去了原有的边缘，和树皮上的沟壑一起张牙舞爪。风吹过槐树的缝隙，哗哗地响着。那槐树的影子也没有恰当的边缘，在地面上明明灭灭。

二、周毛毛

院子里那棵老槐树，是周毛毛最喜欢的一棵树。树冠高大，从树下看好像直接伸到天上一样，什么都看不清了。夏天蓄了满树的花，也不知道树究竟是浅紫色还是绿色。更重要的是，树干上有一串一串的数字，使他可以向小伙伴们吹嘘自己家有一棵写着密码的树。虽然妈妈告诉他，这只是他那个疯了的爷爷刻的从家里到海边的长度。

周毛毛并不愿意相信这个，也不愿意相信自己有一个疯掉的爷爷。

于是他对张小花和村里所有的孩子说，他爷爷当年是海盗头子，树上的数字就是他藏宝之处的密码。孩子们欢呼雀跃地簇拥着周毛毛奔向海边。他趾高气扬，脚下却不由得丈量起大地的宽广。

一千一百六十八步，跟爷爷的一千五百步不知道差了多远呢！周毛毛想，用自己的脚步去测量大地本来就是一件很傻的事情，妈妈上次没赶上车，从城里走回来还花了整整一夜呢，爷爷真是个老傻瓜。

周毛毛走着走着，突然想起：今天爸爸从城里打工回来，听说要带荔枝回来吃，好久没吃了。想到这儿，他一溜烟地跑回了家。

三、周正阳

桌上的收音机，好像在播着什么新闻，让周正阳觉得百无聊赖。挣扎在本一和本二的边缘，早已习惯了对周遭事物抱着无所谓的态度。那些东西，早就连边缘都沾不上。窗外便是无边无际的大海，似乎要吞没一切。家史里提到过一棵老槐树，是早已被科考人员砍去做了研究的了，因为上面有些神秘的数字，据说可能与外星生物有些什么联系。之前有些国家，莫名其妙地消失了，据说也和这有关。

周正阳懒得管。突然间听到一条新闻："由于科学技术的发展，我国华北地区已经可以种植荔枝了，这是我国生物科学的一大飞跃，也是全人类的一大飞跃。"他莫名地想笑。自己不是正在一年四季吃荔枝吗？就算自己家也能种了，又有什么分别。

他望向窗外。这样的坏天气，海与天空之间的界限真的完全模糊了。上方也有激流涌动，下方也有疾风吹拂。莫非世界要颠倒过来了吗？

四、海啸

这次海啸据说是五十年来最大的一次，强风裹挟着十几米高的巨浪席卷而来，整座城市变为一片废墟，近二百人死亡，牺牲了一百多名救援人员。据幸存的目击者称，世界末日绝对就是这个样子。仿佛一切的法则和规律都已经模糊，人只是在自然边缘疯狂奔逃的蝼蚁。

海浪扑向城市的边缘，城市落入大海的边缘。人们从海岸线边缘向陆地逃跑。人们站在地狱的边缘。

而在这边缘中幸存下来的，多半是站在神的视角的边缘。

五、最后的最后

在夏天与秋天的边缘，女孩子一会儿穿裙子一会儿穿毛衣。
在今天与明天的边缘，有人送出他的祝福。
在黑夜与黎明的边缘，吸血鬼躲进幽暗的城堡。
在朋友与路人的边缘，没有人道过歉。
在利益与罪恶的边缘，死去的每一个人都是我们。

怀里抱狗的那个人

福建省漳州市第一中学高一

欧阳慧

阿贫是个痴呆,村里人都知道。

每天早上,阿贫会穿着一件拖着碎布线的衣裳,在村里的小道上跑着。行人有的急匆匆,有的悠闲自在,极少人注意阿贫。不过,阿贫倒是一些常日里坐在树荫下的婆娘们茶余饭后的焦点。

村里有阿贫,人们生活照常,没了阿贫,或许还是一样。至少,村里大部分人是这么想的。

这天,亮子妈牵着亮子从集市上回来,老远便看见阿贫,她把亮子拉到一边,一脸严肃:"不许跟阿贫玩儿!知道吗?"

或许是亮子把妈妈的告诫传达得及时,孩子堆里从来没有阿贫。

阿贫悻悻地沿着墙根慢慢地走,澄澈的目光逐渐黯淡下来。

突然,阿贫发现墙角趴着一只棕褐色的狗。阿贫蹲下来,那狗抬起头,望着阿贫。阿贫怯怯地说:"我……我们一起玩,玩儿?"他不安地缩了缩手,眼睛却一直盯着那条狗。小狗竖起耳朵,直起身,拖着一条断腿,移向阿贫。那条腿,是前些天亮子给砸断的。阿贫心疼地抱起它。

每天,阿贫抱着狗在村里跑着,弄得大汗淋漓。狗也总趁着阿贫坐在地上喘气,蹭蹭他汗津津的小脸。

一天早上,阿贫跑到了村口的集市。人群熙熙攘攘,走走停停。阿贫抱着狗在人群里穿梭。看见阿贫,人们自觉地与他保持着一个拳头的距离。阿贫注意到一车鲜花,颜色鲜艳,瓣儿上晶莹的水珠儿柔和地将阳光送向阿贫,温暖而明朗。阿贫靠近那车花,忍不住伸手摸了一下。

"滚开!"卖花的阿姨瞥到了躲在小车旁的阿贫。阿贫触电似的缩回手,站在原地不动,偷偷瞄着她。阿姨是知道这个痴傻的孩子的。她麻利地牵起车绳往边上挪,继续吆喝她的生意。

"花儿……花儿……"

阿贫紧紧地抱着狗,奔向村里的那座小山。山上,有好多好多花儿。

日头稍正,阿贫下山来,五颜六色的鲜花在狗身上一跳一跳。

阿贫来到一幢房子前,轻轻敲门。"谁呀?"亮子妈探出头来,看见一身泥泞的阿贫,忙把头缩回去。阿贫静静地守候在门外,许久没人出来,他只好离开,不时回头瞅瞅。前面一户人家敞着门,一个阿姨正在晾衣服。阿贫跑过去,悄悄地挪到阿姨身边,揪揪她的衣角。阿姨扭头一看,忙退了几步:"阿贫,什么事呢?""给……花儿……""阿姨不要花儿。"她把阿贫推出房门。

花儿不好看么?这可是精心挑的。阿贫鼻子里酸酸的。阳光温柔地洒在花瓣儿上,晶亮亮的。

阿贫转身看见大虎妈,黯淡了的眸子蓦地闪闪发亮。他一路小跑到大虎妈跟前,低头捡了几枝花儿……大虎妈猛地撇开花,急急地走了,另一只手臂上沉甸甸的篮子结结实实地撞向阿贫,他一个趔趄,摔倒在地。

花儿撒了一地。

阿贫明亮的眸子逐渐黯淡下来,他缩起腿,低低地抽咽。

狗从阿贫怀里溜下来,一朵一朵地叼起花,堆在阿贫身旁,湿润的鼻子碰碰阿贫沾满泥巴的小手。阿贫抬头,看见一旁整整齐齐的花。"给……给我?"狗摇摇尾巴。

阿贫把狗紧紧揽在怀里。狗一动不动地靠着阿贫,温暖着他。

阿贫用手背拭拭泪,在脸上留下几道黑线。他捧起鲜花,脸上带着像花儿一样的微笑。

路上,阿贫看见亮子和大虎他们几个玩得正欢。阿贫正要迎上去,但又像是有一堵透明而坚硬的墙横在他们之间似的，他突然止住脚步。他安静地抱着狗蜷在角落里，看他们笑着，他心里也跟着乐，"嘿嘿"地笑了起来。

大虎听见了墙角传来的笑声，循声望去，立刻转头捅了捅亮子："看！阿贫！"

"嘿！瞧！他抱的那条狗，我前些天打断了它一条腿哩！"亮子精神抖擞。

小伙伴们大笑起来。

"嘿！我有个主意！"大虎打断大伙儿，"咱拿石头砸那条狗！怎么样？"

大伙儿围向阿贫。

察觉到大伙儿异样的表情，阿贫的笑容霎时僵在脸上。

"嗖——"亮子劈手夺过狗，可怜的阿贫被大虎摁在墙上。

"砰！"像是石头的棱角触到地面，狗被亮子扔在地上。

阿贫惊叫了一声，瘦弱的身子抽搐了一下，他惊恐地睁大眼睛，眼白布满可怕的血丝。

"砸！"大虎一声令下，小伙伴们纷纷把石子扔向那个瘦骨头。

狗拖着断腿，在地上艰难地匍匐着，可是迎面而来的好像一场雹子，躲过一个又一个。

在角落的阿贫脸色煞白，上下牙齿不住地打战。他喘着粗气，深深地掐着大虎的手臂，掐出了几条血道子，大虎生疼，可他并不想放过阿贫。

"砸！砸！"大虎嚷着，仿佛忘记了疼痛。

淹没在石子雨中的狗无力地趴在地上，痛苦地呜呜着。

半晌，狗不再动弹。

此时的阿贫已经泣不成声，脸上的黑道道被泪水抹得乱七八糟，像只瘦小无力的花猫。他膝盖一软，跪了下去，浑身颤抖着，嘴唇苍白，仿佛被抽了魂似的。

"畜生！"一个严厉的声音喝道。

一个白发苍苍的老爷爷重重地用拐杖敲击地面，小伙伴一哄而散。

没了束缚的阿贫扑通一声跪在地上。他爬到狗身边，紧紧将它揽入怀中。他的身子不停地抖，泪珠儿啪嗒啪嗒地落。

"真是作孽——"老爷爷重重叹了口气。他想走到阿贫身边，拍拍他的头，可是刚迈出的脚又收了回来，他远远地望着阿贫，缓缓转身离开了。

阳光，明媚着。

抱着狗的阿贫，一步一步挪回家。

家里没有什么值钱的东西，一贫如洗。阿贫爸已经在家里等阿贫了。看见阿贫抱着一条死狗回来，他有些生气，冲上前去，要把那条狗扔出去。

看见爸爸气势汹汹地走过来，阿贫蜷在角落里，不停地往里挪。

"不……不要打它！它……它对我好……好，对我笑……"阿贫不停地抽搐着，大大的眼睛里除了忐忑就是惊恐。

阿贫爸愣住了。像被人重重地推了一下，他猛地摔在地上，眼里流出一行污浊的泪。

第二天一早，阿贫爸上山去了。出门前，他回头看看阿贫，阿贫头朝墙壁，那条狗的尾巴垂在他瘦小的臂上。

到了正午，一个汉子突然冲到阿贫爸面前："不好了，贫儿他爹，阿贫掉村头的河里去了！"阿贫爸脑袋嗡的一声，扔下锄头冲下山，直奔村头。

村头的河边已经围满了人。

"贫儿他爹来了！"不知是谁喊了声。

大家都让出一条路来。

阿贫已经被抬上岸，只是没了呼吸，怀里还紧紧抱着那条已经冰冷的狗。

阿贫爸双腿一软，扑倒在地上："阿贫——"双手把地面抠出两个坑来。

众人沉默着。

"不……不要打它！它……它对我好……好，对我笑……"

阿贫爸的脑海不断翻滚着。

许久，阿贫爸号啕大哭。

"节哀吧，人走了……"

"滚！你们都滚！"阿贫爸用那双令人发怵的眼睛瞪着周围的人。

大伙儿陆续散了。

"阿贫没错儿，就怪他妈是个痴呆……"老爷爷幽幽地说。

"他妈呢？"

"跑啦！"一个小伙子嚷着，又突然停住，小声补充，"听说阿贫出生后不久，她跑啦……"

老爷爷没有说话，望了阿贫爸一眼。

清晨，一个小伙儿在河边的浅滩上发现了阿贫爸的尸体。大家猜测，他是随阿贫去了。

村里有阿贫，一切照常，没了阿贫和阿贫爸，大家总觉得缺了什么。

河水还在静静地流淌。

（指导老师　陈素媛）

外婆的小巷

江苏省徐州高级中学高二
李明威

外婆还没来到徐州的时候,小巷就在了。

外婆是山东人,15岁逃荒到了徐州,那时候,能活下去都是一种幸福。外婆随着逃荒大军来到了徐州。也许,对于来到这个城市的她,这只不过是一个普通的地方,就像她曾去过的,和即将去的城市一样。可是,她不会知道,这会是她永远留在的城市,因为她在这里,遇见了我的外公。

在那个战争的年代,贫苦的他们,不会有爱情可言。

就这样,他们结合了,生下了11个孩子,并且有7个成了我记忆中的长辈。

小巷就像是一条长长的河,更像他们的生活,没有大的曲折,幽深,不被人打扰。每天,他们出去讨生活,喂饱自己和众多的儿女。日子就一天天过去。

后来,外公去世,全家人都以为天塌了,我们却没有发现,这个被孙中山斩断女人裹脚布前的最后一代裹脚的女人,心中有着怎样的坚毅。

她拉扯大了7个儿女,并给他们上学的机会,给了他们未来,使得这个当初只有两个人的小家庭,变成了四世同堂,有30多个人的大家庭。每年我们家族出去的时候,浩浩荡荡,可是我外婆却不想出去。她就想在这小巷中,与她的老朋友,聊聊以前、聊聊头上的白发,以及这条小巷中的老人、老事、老日子。

后来,外婆身边的朋友越来越少,外婆也愈加老去,头上的青丝,变成了一根根雪白的银发。

可是，外婆的精神很好，即使患上了帕金森症，也是个活泼健谈、精神饱满的老人。我一直以为，她能看见我结婚，她一直等着？和她的小巷。

后来，城市规划，老房子拆迁，叔伯姨婶们为了几万块的拆迁补偿天天吵闹，他们却没发现，外婆一天比一天沉默了。在一个大雨的夜里，老房子被推土机推倒了，小巷原来遮天蔽日的房子、棚子，全都没了。

搬进新房子，什么都有了，不用早上跑到很远的地方上厕所，有空调，有电脑，却再也没有外婆的笑容。今年7月3日凌晨2点30分，外婆安静地走了。

2日7点，我还去看外婆。那时的老人，只用一口气维持着生命，口中说着82、82，那时我们沉默了。

我不知道，外婆最后到底看见了什么，可是，这82，我明白。她在怀念她的小巷，这是我们在那巷子里的地址，她是否回忆起了她在某天，被外公带回家的情景，是否回忆起了，在那小巷中与人打招呼时午后的阳光，她是否回忆起了那场大雨，我不知道，我不敢知道。

我只知道，外婆不在了，与那小巷。

（指导老师　盛译萱）

旅途

江苏省无锡市辅仁高级中学高一

张星烨

最美的不是目的地，而是沿途的风光。

——题记

盛夏，七月。

热浪层层袭来，炙热的阳光灼烤着树叶，在地上投下零碎的树影。

我和母亲拖着大包行李赶向安镇火车站。

坐在候车室里，我盯着粉色的车票上"北京西"三个字傻傻地笑，北京，我来了。憧憬了许久的愿望即将实现，心里是难掩的喜悦。

不知过了多久，"请乘9:10开往北京西的旅客注意了，×××次开始检票。"广播里传来和悦的女声。

虽然不是第一次坐高铁，但是奔向的目的地不同，这便让我兴奋得坐立不安。于是毫无睡意的我，侧头望着车窗外一闪而逝的风景。

高速运行的高铁，车厢内安静无声，只有空调风吹出的空气流动着。母亲在我左侧闭着眼，不知是睡着了还是在闭目养神。车厢里是静谧得有些无聊的气氛。

窗外的高楼大厦渐行渐远，广袤的田野、农家一一呈现，渐次变换着风景吸引着我目不转睛地观察它们细微中迸发的美丽。

铁轨纵横在田间，现代化与原始格格不入的对峙，既突兀又恰如其分地融合。农家土房，红色砖墙，黑色瓦顶，筑就着心中朴实的浪漫。弯曲整齐的土路蜿蜒在田间，小麦色皮肤的农家小孩赤脚奔跑着，向着飞驰而过的火车欢叫。笑弯了的眼眸自我眼前转瞬即逝，在烈日下肆意散发着可贵的纯朴。

渐入北方境内，农舍不再是南方的瓦顶。平顶的砖舍，斑驳陆离，山区的贫瘠可见一斑。阳光变得有些稀薄，空气中弥漫起了莫名的雾气。窗玻璃被雾气氤氲弄得有些模糊，我忍不住抬手擦拭出几道清晰。无声的高铁穿越田野山川、开掘的隧道。山丘开垦的痕迹狼狈斑驳，岩石破碎嶙峋。这就是现代化的代价，自然的破坏。

平野无垠，树荫正浓，仅维持电力的电缆冗长而破旧。天气潮湿雾气朦胧，黄泥筑成的小村庄若隐若现。也许忙碌的农民们正进进出出奔走在田间，生活贫穷却忙碌充实。

306公里的时速，手边玻璃窗外的景色飞逝而过，压缩成短小的相片叠进脑海。不觉中时间已如窗外的景色一样转瞬即逝，八个小时的漫长车程已过去大半。

当我把酸痛的脖子转向车内，才发现，许是气氛太无聊，太安静，几乎所有的乘客都歪着头或进入梦乡，或倦意爬了满脸。我轻轻扭动有些不太灵活的脖颈，才注意到坐在对面的女孩，和我一样，双眼迷失在窗外的景致中。也许是感觉到我的目光，对面的女孩转过头对我轻柔一笑，云淡风轻，张了张口似是有话想说，但环顾车厢后，我们相视一笑。是的，我们谁也不愿打破这一份静谧。

在我的左侧，母亲已经沉沉睡去，眉间不散的皱纹填满了对这个家的操劳。昨晚为了准备行李，她又是很晚才拖着一身的疲惫上床休息。看着母亲安静的睡颜，窗外的美景似乎不再那么诱人。静下来的母亲满脸倦意，没了风风火火的行动、惊天动地的大嗓门，她就是个平凡的女人。为了满足我的愿望，一边骂骂咧咧，一边订下火车票。我轻轻将母亲的头揽向我的肩膀，母亲有些不安地在梦中皱了皱眉，像孩子一样又静静熟睡。

快要到站了。

一路沿途的风景在渐渐结束，但它带给我的愉悦，不断提醒着的纯朴一直深刻在心底。相片会泛黄，记忆不会被流年冲淡。

　　车厢里的乘客一一醒来，整理着准备下车。对面的女孩轻轻地唤着她右边的老人："姥姥……姥姥……我们快要到了。"老人满脸皱纹头发花白，却精神矍铄。醒来后，女孩为老人梳理着头发，眼底的温柔满满当当毫不掩饰地溢进了我的心里。我想老人在女孩心里必定是和沿途风光一样让她忍不住温柔的美丽。

　　"北京西站马上到了，请旅客提前准备下车……"广播里再次传来和悦的女声。母亲醒了，睁眼就嗔道："怎么都不叫醒我？"

　　然后急急忙忙地梳头、拿行李，我笑着起身取下顶架上的行李箱，心里的温柔蔓延无边，不是为了北京，不是为了旅途，是我的母亲。她一如既往地那么不温柔地做着温柔的事。像那个女孩一样，我的母亲就像沿途的风光一样，纯朴地给予这个家爱，散发着比沿途风光更甚的魅力。"笑什么笑？！刚到北京就乐成这样！快来拿好行李，要到了！"母亲没好气地白了我一眼。"好嘞……来了。"我笑着跟母亲走到下车的人群后。北京的阳光热情地扑面而来，灼得双眼几乎流出眼泪。

　　北京到了，原本期待的喜悦之情不再。我想不是北京不灵，而是旅途的风光太美，以至于目的地的美丽已显得那么不足为奇。

　　人生就像旅途，我们不断地奋斗着，奔向不同的目的，一路上陪伴我们的人还记得吗？给予我们鼓励、爱和宽容的人还记得吗？他们是旅途中最美、最难忘的风光，不管他们是谁，都一如我心中的母亲，被岁月无情所伤，但在相片里年轻美好，在我记忆里深刻鲜活着，在我心里温暖感动着。

　　目的地会是怎样的我们不知道，只有在最后一刻才能知道。然而身边的却常常是旅途的风光。就让我把这一份岁月安好的感动印在心底，成为我旅途中最好的时节。

（指导老师　惠　旅）

电话线

浙江省嘉兴市元济高级中学高一

姜 怡

"喂！爸爸你什么时候回来呀！"时光隧道的那头，一地阳光，照着那个扎着两条小麻花辫儿的小女孩放学的脚步，她雷打不动地每天要跟爸爸打电话，纵使常常是爸爸在十几分钟后很快便下班回家了。她喜欢那条软软的电话线，一圈一圈连起了上班的爸爸和放学回家的她。

"嗯！做什么！"时光隧道的这头，一地阳光，照着那个扎着一条马尾一身高中校服的她的脚步。她习惯地看过来电显示后知道是远在山东出差的爸爸的电话，机械地这样回答，木木讷讷。

恍惚间，时光被碾成一地碎银，过去的仍历历在目，而试图捡起它们时，新的时光又洒落了，无尽得像条河流，我是在时间后面奔跑的孩子。

三十年，那是小时候爸爸教我记他年龄的好方法：囡囡你只要记住自己的年龄上加三十便是爸爸的年龄了。想起张爱玲《金锁记》中一段话："我们也许没赶上看三十年前的月亮，年轻的人想着三十年前的月亮该是个铜钱大的一个红黄的湿晕，像朵云轩信笺上落了一滴泪珠，陈旧而迷糊。"十七八岁，年少轻狂。我常想，若时光是把巨大的标尺，我自己处在这个刻度，那么世上真有个时间之囚该有多好。可让我在一个深夜这座城市都入睡时潜入市中心，用我青春的热血撬开那把时间之锁，终结它永恒的痛苦而单调的圆周运动，条件是让我回到三十年前，去见见那个与我同龄的爸爸。那人少年，我无比神往那个乒乓球打得极好在学校表现出色的少年。想看看他用一扇门搭起的梦想。"我们那时只用门来搭个乒乓台呀！"他谈及此总笑着这样说。于是在无数个夜里，我希望梦到那个穿一件背心双腿细瘦的少年，见见他那颗青春有梦想的心。"我妈那时愤然于我放学不回家帮忙反而在学校打乒乓球，曾拿着扫把赶到学校，把扫把从窗外扔进来结果砸到了老师。"每每听到这一段我总跟着他捧腹大笑，心想：爸爸你也有个有时很不讲理的妈妈呀！

爸爸你可是那个英俊的少年！我到底会不会想象出来时光在你身上雕刻的一切呢？我最直观看到的，已是这样的事实：当我伸出一双小手时，你一个大手掌便能够抓住。我要抬起头才能仰望我一米八腰板直直的爸爸。

时光以流沙的速度前行，我们拉不回一个真正的自己。什么时候起，一米七的我不用再仰望他，见过他鬓角的白发，自以为是地觉得他的话无用。我不愿同他说话，更别说电话了，借口是学业繁忙，我还变得自私。

难得能放松的周末，他总是大方地让出笔记本电脑，他说它对我近视的眼损伤小。常常，他会以一种近乎恳求的语气来叫我出去走走——我却是一天到晚在家少有出门的。但彼时目光紧盯屏幕双手在键盘飞舞的我过滤掉了他话里所有的语调，淡淡地说没什么好出去的。然后便是他在电视机前看到呼呼大睡。我在九点半这个妈妈下班的时间前不舍地放下电脑叫醒他，再溜回房间一副做作业状。

不久前破天荒和他去逛街。橘色的灯光拉长我们的影子，他走在最前面。一路走来，忘却谈了什么，只是有一刹那，发现他早不如先前那般高大，因为家庭负担吧！灯光暖暖地照着他的后背，恍惚间仿佛看到一双折翼，有人说，每一个丢失了梦想的人都是折翼的天使。那一刻我难过地低下了头，我们无尽地索取耗尽了爸爸青春的梦。他常十天半个月在外头出差，免不了应酬。记得每次喝醉了他便往家里打电话，说话变得唠唠叨叨又有很浓的醉意。我最不喜欢他这样。但很久以后我想到，那大概是一颗漂泊在外的心孤单害怕了，需要家的温暖，靠这根软软的电话线。前天他打过来，我照例拎起电话："嗯！做什么！"那头愣了一会儿后说："每天重复这样的生活好单调，这边事情又多，头都大了，还是听我女儿讲讲学校里的新奇事吧！"我鲜有听他这般诉苦，静默半天才挤牙膏似的说："爸爸我想不出来。""噢，那算了吧！"难以掩饰的失望瞬间命中我的心弦。我想自己都嫌三点一线的高中生活枯燥到今天能成为一个月后的今天的副本，他是怎么过的呢！但我却不知如何做。今天蒙眬的睡眼里，看见了他，他刚坐了十几个小时的车回来，并不见疲乏，只是笑着看我，于是我也笑了："爸爸早上好！"

  电话线，一圈又一圈，圈起了时光这头和那头的她。

  长大只有一次吧，不知多久也不知多快，我和爸爸从认识到以后是要交给时间做主的，它要我用点青春的张扬，我便忙着构筑自己的梦，忘却了童年和他。

  若它能通到时光的那头，见到小时候那个我，我真想叫她教教我，对爸爸好点。

  电话线，一圈又一圈，她把它放在心上焐得暖暖的。

（指导老师　欧晓明）

人约黄昏后

浙江省金华市东阳中学高一 吴闻起

一

"月上柳梢头,人约黄昏后……"教室里是昏昏欲睡的读书声。黄昏逼近,阳光慵懒地靠在黑板上,黑板被刷成一幅流光溢彩的油画。坐在第一排的迟迟哥哥忽然转过头,一边念着刚学的诗句,一边给了我一个神秘的微笑。

最后一节课终于熬成了一阵急促的铃声,教室的气氛开始活跃起来,大家左顾右盼,寻找着窗外熟悉的面庞。我低着头忙着整理书包,"嗖"的一声,一架纸飞机从不远处飞过来,我循着纸飞机飞来的方向,又看见了迟迟哥哥那张兴奋又有点神秘的脸。他冲我使了个眼色,就背起书包,一路吹着口哨离开了教室。我莫名其妙,随手将纸飞机塞进了书包。

二

我叫了了,知了的了,在我九岁那年,也就是去年,我被爸爸妈妈送到乡下奶奶家,认识了邻居迟迟哥哥。

他大名叫方觉迟,巧的是,他比我晚生一天,可我却坚持叫他迟迟哥哥。尽管他并不承认哥哥这个称呼,但他事事总是帮着我。每当高年级的大哥哥想要抢走我的糖葫芦时,迟迟哥哥总会及时出现,挡在早已蓄了一眼眶泪水的我面前,粗着嗓子大吼:"不许欺负了了!"那群人听了,一脸坏笑,起哄着:"你这么保护她,她是你谁啊?"没等他回答,我便故意抢着喊道:"她是我姐姐!"那群人又是一阵哄笑,笑到迟迟哥哥的脸红成了天边的晚霞。他有些愤怒地看着我,我用无辜的眼神告诉他:"不是你不让我叫你哥哥的吗?"从今以后,他终于承认了哥哥这个称呼。

然而,迟迟哥哥的成绩却总是和我相差好大一截,每当他奶奶在我俩面前夸我时,他总是不服气,假装认真地背诵那句名言:"小时了了,大未必佳……"等我拿起板凳想砸过去时,他早已溜得不见了踪影。尽管这样,每当他上课开小差被老师叫到不知所措时,我总会悄悄在后面传上一个及时的答案。

我们一起上学,一起回家,放学后时常约好在门前的那片荷塘边玩耍。荷塘里零星地长着几片荷叶,夏天偶尔开出几朵瘦弱的荷花,孤苦伶仃地撑着腰。倒是塘边无心插柳柳成荫,高大的柳树在蔚蓝的天空下静默着。迟迟哥哥特别喜爱这片荷塘,不会游泳的他总是坐在塘边的柳树下,静静地看着远方。

日子便像门前荷塘里的流水一样不知不觉地淌过。当去年的荷花谢了又开时,整整一年的时光已经过去了。

三

那天傍晚,我打扫好卫生,最后一个离开教室。天边的晚霞红得耀眼,像一摊打翻了的鲜血,灼伤我的眼睛。一切都像往常那样平静,直到我回到家。

我走进屋子,没有看见奶奶的笑脸,她有些慌张,又有些犹豫地低声喃喃:"隔壁的迟迟,刚不久淹死在塘里了……据说被捞上来的时候就不行了,现在在医院……唉,好好的傍晚去荷塘干什么,这么好的一个孩子可惜了……"奶奶还在絮絮叨叨地说下去,一边抹着眼角的眼泪。

此时的我什么都听不见了,脑袋嗡嗡地响着,眼前只剩下那张兴奋又有些神秘的脸。

大雨就在这时倾盆落下,紧接着就是葬礼。

四

我没有参加葬礼。我把自己关在小房间里,整天不说话。奶奶忧心忡忡地看着我,说:"这孩子怕是吓傻了。"

浮现在我眼前的全是那张脸,迟迟哥哥留给我的最后的印象。他送了我一架纸飞机,一张神秘的笑脸,去了黄昏的荷塘,就再也没有回来。门外低沉的哀乐掺杂着一家人绝望的哀号。雨水来不及酝酿就急急忙忙地泼下来,小矮屋在雨中像是澡盆里滴溜溜打转的玩具积木。

葬礼伴随着漫长的雨季走了,我透过房间的玻璃看见迟迟哥哥的家人背着包裹,踩着坑坑洼洼的泥泞,离开了这里。听奶奶说,他们搬到了遥远的北方。

那里,不会有这样的荷塘了。

不久,爸爸妈妈从外地赶回来,接我去城里生活。临走前,我整理着行李。妈妈看到我肩上破旧的书包,一把扯了下来,说:"别要了,去城里妈妈给你买新的。"

就这样,我告别了奶奶,告别了荷塘,这段有些伤心的记忆,被埋在了荷塘边。

五

我进了城市的学校,继续在一片"了了真棒"的夸奖声中长大。高考过后,我如愿以偿地考上了一所重点大学。在欢庆会上,爸爸骄傲地说:"谁说'小时了了,大未必佳'的?咱们了了从小到大一直都这么聪明伶俐!"

我的心"咯噔"一下。

那段埋在荷塘边的记忆被一下子翻出,变得清晰而鲜活起来,让我不知所措。那天晚上,那张熟悉而又陌生的脸再次浮现在我眼前。如果他还在,也该上大学了吧。

我决定回一趟乡下。

六

一切都没变，除了奶奶那张愈加苍老的脸。隔壁的房子和那片荷塘一样，一直孤独着。

黄昏的时候，吃完晚饭的我走进了熟悉的小房间。忽然，我看见那个被丢弃的书包倚在角落里，委屈地沉默着。

它还在啊。

我抖去书包上的灰尘，打开它，看见了那架被揉得不成样的纸飞机，在黄昏时分被刷成了金黄色。那架纸飞机上，似乎隐约有墨迹。

我颤抖着手拿起它，慢慢地拆开，泛黄的纸上，歪歪扭扭地写着一句我再熟悉不过的诗：

"人约黄昏后。"

我猛地抬起头向窗外望去。寂静的荷塘边，空无一人。只有荷叶在晚霞中自顾自地叹息着。

月儿已悄悄地攀上了柳树梢。

"方觉迟……"我喃喃道。

（指导老师　吴伟伟）

中国的声音	方馨悦
请为先生开一盏灯	时潇含
于无声处	席轶群
在鲁迅故居读鲁迅	李衍霖
学会告别	郑　茜
告别	施　韵
告别是为了新的诗篇	黄胤羽
告别不善	王　者

第九辑
告别昨日

中国的声音

上海音乐学院附属安师实验中学

方馨悦

你可曾听过，中国的声音？

磅礴，华美，温情，壮阔。

是鼓瑟吹笙的婉转，是古诗词曲的情怀，是"百万雄师过大江"的豪迈，是面对不公揭竿而起时的振臂高呼！

便是如此，自古以来，"中国"这一声部融入世界的乐章。一个个音符在旋律间穿插跳动，描绘出中国的样貌。

世界，需要中国的发声。

是孔子的声音，道出了中国的智慧，汇集了百家精华，说出了为人处世、治国平天下的重要方法。是他的"温故而知新"教会了人们学习，他的"七十而从心所欲"，点出了人生的真谛。直到现在，还有多少人在汲取他的智慧。世界仍在倾听他发出的，属于中国的声音。

是鲁迅先生的声音，撕开了表象，让中国的问题、腐朽暴露在光天化日之下。他无惧于社会的不公，不忍于人群的麻木。他站了出来，击碎了群众营造的"美化"世界，令如同行尸走肉的人清醒起来。笔下的文字化作一把鼓槌，一次一次，鼓击起波澜壮阔。月下水面虚假的倒影被击碎，显露真正清白的月。他，是黑夜里唯一的光。战鼓响起，世界响彻中国的声音！

现今，中国的声音在哪里？

科技飞快地发展，甚至到了我们都有些跟不上的地步。人们每天都紧攥着手中的手机，网络世界光怪陆离，带来了更多精彩和便利，也带来了更多的麻木和依赖。中国渐渐变得安静了，人人都聚精会神，一言不发盯着掌间的方寸之地，插上耳机，耳中充斥着网络的声音，听躁动却潮流的音乐，听杂乱且空洞的消息。此刻，世界都安静了，人们都像是被关在了网络中，不再有人去倾听、去关心是否有人发出了中国的声音。

那些本应为中国呐喊的青年人呢？

他们在网络中自我麻痹，沉溺于其中所获得的、直白却单一的快乐。他们会为了自己的偶像高声叫喊，会为了游戏中的世界魂牵梦绕，会为了内心的阴暗情绪在网络上戴上面具，发出不堪入耳的声音。

真的没有人发声了吗？

不，不是的。

那些灾难面前冲上前线的抗疫医生，那些在网络上不畏惧"键盘侠"、发出真诚呼声的人们，那些每日维持城市运转、坚守岗位的人们……

在藏独分子面前踏入冰冷池水、高举国旗、高唱国歌的他；在新闻网络上用键盘敲击出一个个字符、击中社会要害的他；在围观看客面前，为崩溃裸奔女子披上衣服的他……

一个民族有一群仰望星空的人们，才有希望。

中国的声音从未间歇，中国的声音仍是那么坚定，那么绵长。

如果你曾歌颂黎明，那么也请拥抱黑夜。

若是这夜太黑，路太陡，请用声音，为这混沌点上一盏灯。

这万家灯火，星星点点，汇成了一个黎明。远处，血红的日即将喷薄而出，为大地镀上金身，这是中国的颜色。

你听，是中国的声音。

中国的光明，终将照亮世界。

（指导老师　孟庆平）

请为先生开一盏灯

广东省深圳红岭中学

时潇含

当我们在一片万籁俱寂中听见自己心心念念的声音,我们是否会惊觉我们对于生命的本身已渐行渐远?即便是铁骨铮铮的鲁迅先生,他也需要有人为他打开一盏让他重回自我、返璞归真的灯。试问世间,曾有谁将这盏灯开启?

穿窗瘦月底、落叶寒风中,向来是少有心存鸿鹄之志、一路慷慨高歌的志士的身影。他们的心中唯有"致君尧舜上,再使风俗淳"这样的高瞻远瞩。

心怀壮志没有错,可是我又怎能忘却,当力拔山兮气盖世的项羽走向穷途末路之时,不是为了江山社稷而悲,却是涕泪长流问道:"虞兮虞兮奈若何?"这不是妇人之仁,而是楚霸王心中真正人性的牵挂,挚情至此,不减雄豪。

更不可忘却的是《薄伽梵歌》中的印度章西女皇,当峥嵘一生满心壮志的她从马上中箭跌落、生命灯尽油枯之时,她却注视着莽莽青山,笑语:"你们看,那晚霞真美!"没有了百万雄师阵前的嘶吼来将她羁绊,她回归的竟是一个女子的柔情。

最让人心生悲凉而慨叹的是,当毛泽东度过他生命中最后一个除夕时,身边的工作人员小心翼翼、生怕打扰了病榻上的他,他却说:"过年啦!你们去放挂鞭炮热闹热闹吧。"即便是心中充满宏韬伟略的伟人也终在寒冬中渴望最最微小的温暖。

一语至此,我已是如鲠在喉,不知所言了。人们甘之如饴、感慨系之的宏图大志终是化作心底一个纤细，甚至不曾体会，甚至耻于言语的微小感怀。曾经的刚毅与一路的壮歌终敌不过柔肠百转的星点微光。我认为鲁迅先生的可敬可畏大约也是在此了。他不仅是一位横眉冷目的斗士，他也需要一盏明灯来照见自己的内心。

为先生开一盏灯吧，为千千万万如先生一般辛苦劳作的人们开一盏灯吧。在我们所谓的勇往直前时，我们内观而自知的温暖在最细微处，而正是在这小处藏着的星光引着我们在一生微茫中蹒跚行走。

人活一世，为国为家，却常常忘怀了自己生命的本性，以为这是生命的"枝叶"。中国的传统中是不讲"我"的，人性总是被万丈光芒的"大局"所笼罩。试问大明的脊梁张居正，他为了万历的新政精疲力竭，自甘夺忧，却不为世人理解，以为他沽名钓誉，难道他不愤懑、不孤苦吗？当他在父亲的灵堂前，面对质疑他的子弟下属，歇斯底里地呼喊要让他杀掉自己时，难道他不明白他那漂泊太久的灵魂早已成伤？他真正的终点并不是扭转大明的倾颓之势，而是反观自我，与自己和解，在细小之处重还自己以人性啊。

当今的人们不也是如此吗？为了生活，辛苦奔波，删除所谓的"枝叶"，却终两手空空，人们所谓的"精华"终也不过如水长东。正如那个告诉迷惘的金岳霖"你是金博士"的车夫一般，应该有人告诉我们，我们到底是谁。我们需要听一听群山肆意而低沉的回响，看一看飞鸟衔着心声的翱翔，反观自心，才有前行的力量。

那曾被人热议、如今一闪而过的余秀华曾道出世人的缺憾："我不想被称为脑瘫诗人或是农民诗人，我只想被介绍为诗人余秀华。"的确，人们是不是太关注所谓"标签"而忽视了人性的呼号？是不是物质、财富与前途让人们忘记了真正宝贵的"不值一提"的情谊？是不是唯有可歌可泣才是有价值的一生？不是的，绝不是的。这不过使我们迷惘，而不知道前路何方。

这一盏在中国关闭了千年的灯，凭一己之力是打不开的。那些好高骛远的斗士们也是打不开的。心中的悲凉，往往在口中却化为沉默。那些对于王安石变法的失败哀其不幸、痛心疾首的人不要将罪责统统归诸封建体制，在青苗法的光鲜外表下难道没有百姓被逼强贷的悲声吗？民生不也是被践踏在脚下吗？我们奉为程朱理学的开山鼻祖程颐所言"饿死事小，失节事大"，不正是对人性的轻视吗？封建社会的所谓道德，所谓的歌舞升平，在一座座贞节牌坊的树立之时即已倒下。

若是如柏杨之言，三千年的封建礼教已将我们沉在酱缸的深处，那也未免过于悲观了。

为了世人，我们应开一盏灯，哪怕青灯如豆。那些空村中的留守儿童与空巢老人，他们可以依靠城市中的亲人汇来的冰冷的钱生存，而谁又能教会他们生活？有谁知那最贫穷却也最幸福的国家不丹，国王骄傲地宣布，他所追求的不是经济，而是青山绿水，民乐安康？其言甚好，效之则难。当我们的社会是急功近利的，我们也注定将在这股洪流中渐渐忘却自己的本心。当我们的生活走向各种指标评价的"富"与"强"，我们的灵魂，那些生命中最质朴的声音、微不可察的呐喊，又将何处安放？

先生终是离去了，而我以为他只是缺席我们的时光，他并没有死去，他仍需要一盏灯，他仍要"看来看去地看一下"。是他对生活深厚的爱，让他呼喊，让他彷徨。如今我们仍有为如先生之人点一盏灯的机会。来吧，烧尽可燃之物，哪怕油枯灯灭，哪怕不比星光。

不要忘却，当我们于生活愈行愈快时，于自己、于本真却是愈行愈远了。试问，无源之水，如何流淌？无根之木，如何生长？无本之人，如何远行，志在四方？

于无声处

上海复旦大学附属中学高一
席轶群

"如果发出声音是危险的,那就保持沉默。"曾有人如是说。

起初我以为那是生于乱世畏葸不前,但我想起了他在狱中种的番茄。暗无天日的监牢更像是人间地狱,他沉默地捧起浅红多汁的果实,如同擦亮了一根小小的火柴。狱友的重拾希望已是其影响力的明证,狱警的态度转变,则使这位摸黑者的生存历程成为奇迹。

眼前历史的车轮扬起飞尘,老庄时代的岑寂在化不开的夜色里。老聃道一句大音希声,属于一个乱世的旷代智者于是用"反者道之动"的朴素辩证诠释了缄口世间停奏琴弦的意义。庄子承于其后论述役役于学派相争"以是其所非非其所是"的"成心"之弊,说着天然的府库与扩大心灵的涵摄量。黑暗的天空之下对处世方式的争论成为人们哗众取宠寻找"存在感"的方式,唯道家学派提出"莫若以明"。勇敢热切地去抗争固然成为佳话,但以空明的心态去观照万物的本原,则是绝唱。他们因辩证思考而不再苟且,因"照之于天"而静观花开花落,更因"独与天地精神往来"而与天地并生。于是本来支离破碎的人世之中他们呼吸着一切事物的色彩声息,扬弃我执,沉默原是"咸其自取,怒者其谁耶"的天籁。

"万家墨面没蒿莱,敢有歌吟动地哀。"鲁迅穿着长衫,说着"于无声处听惊雷"。作为手执刀笔痛批国民劣根性的清醒者,他仍然会长叹"吟罢低眉无写处"。那样一个时代的悲凉之雾遍披华林,少数能呼吸感受者,唯他昂扬。他本该有力发光,但在当时的中国,是确无写处,更确无说处。写来无人看，唯一的"读者"面对毁灭的价值勃然大怒欲加之罪，真正去"呼吸感受之"的青年们，却一个个地被捕。他写下《为了忘却的记念》，名曰"忘却"，却仍相信着十年后二十年后，总有人再记起他们来的。那就是他对沉默中蕴藉着的卑微但不扭曲的永恒驱动力的深切自信。也正因如此，他说着"愿我的文章速朽"，刀笔之下字字铿锵时至今日仍掷地有声。"救救孩子"的呼喊，仍然余音绕梁。

于是想到，其实沉默是那样强大的力量。无论是知者不言言者不知，是抛却语言明心见性，还是无处可写无路可逃，都可视作为生于尘世、不卑不亢的长远的对抗。

栖居世间已有十几年，虽则未曾见过黑云压城风雨如晦，更不能有上述任何一人的分毫光芒；但总有那样一些时候，感到深深的无力与彷徨——

是身处文科特色班，却再难寻回人文理想。由于分班以及学生负担的种种纷扰，那群真诚、热切、勇敢的人本应放声大笑舞动青春，却埋头题海不问世事。承担的人文方面事务于是无法推进，使尽无数言语手段，终成破碎迷惘。后来我选择了沉默，但并非从此沉寂，而是于无声中积攒着潜移默化润物无声的力量。融入他们的世界，找到他们面对的方向，微笑着告诉他们你做得很好——突然之间便取得了雨后春笋般拔节生长的关注。抛下原有的主观臆断，学会习惯于这个不完美的班级，有一天我发现，自己再也不是茕茕孑立。

是处在理想与现实的纷争中，身边人的无可抗拒的力量近乎将初心化为齑粉。我与世界的关联在那时变得重重不尽成为羁绊，对于目标即便只是"溯洄从之"的动作也"道阻且长"。但放下那些纷争与矛盾，安静地向前一步一个脚印完善自己，从而为自己的未来寻找无限可能，竟胜过所有刀兵相见的争论。那种无声，保护了我的梦想。

也是在信息爆炸的时代，站在无数十字路口惊恐万状。想到不为苟且而得意与沉默前行，会有一种沉静而不可遏止的力量。当你惯于长夜，梦里依稀的本真自我与眼前变幻的时代洪流交叠成恼人的影像，站在无声之处即使卑微但不因害怕被时代抛弃而狺狺狂吠之时，迷茫之中也便有了光亮。

于无声处，归根到底便是深味光明，安于黑暗，以之为天下的准则。在一片宁静之中，无论以何种方式，都不为外物所动而坚定向前。立德做人，无问西东。那样的人生，善利万物而不争，周流演进而不息。

那便从里到外地站在无声的地方吧。

在鲁迅故居读鲁迅

上海市万源城协和双语学校高三

李衍霖

我不太喜欢参观名人故居。许多名人对我而言，不过就是一位名人而已。鲁迅在上海的故居，却去过不止一次。

初识鲁迅，是在初中语文课本上。记得有《从百草园到三味书屋》《社戏》等。百草园中大多数昆虫、花草，社戏中的农村戏班、戏台，对我而言，闻所未闻。但这些文章，会一下子把你带回儿时，温馨而惆怅。"匕首和投枪""荷戟独彷徨""横眉冷对千夫指"，鲁迅一向是被看成高冷的。其实，他的笔下有着满满的温情。

父亲是鲁迅的粉丝。家中书架上，有一部《鲁迅全集》。精装16册，每本还有一个硬纸书套，人民文学出版社1982年版。有一年暑假，我取下几本比我年龄还大的书来。《呐喊》《彷徨》《朝花夕拾》……阿Q、祥林嫂、华老栓、吕纬甫……有人说，要理解中国，首先要读鲁迅。

在《呐喊·自序》中，鲁迅说起当初要逃避科举考试，去上洋学堂的原因："仿佛是想走异路，逃异地，去寻求别样的人们。"但是，就是这一次的"走异路，逃异地"，竟然成为他整个的人生轨迹。从绍兴到南京，从仙台到东京，再从北京去厦门、广州，最后来到上海。可以说，鲁迅是一个一生的漂泊者。

在当年，作为名震南北的大作家，鲁迅为什么要不断迁徙，不断漂泊呢？

鲁迅上海故居，坐落在虹口区山阴路大陆新村9号。这是一栋新式里弄住宅，一个小小的天井，三层楼高。1927年9月，鲁迅来到上海，一共在三个地方居住过。先是在景云里，后又在拉摩斯公寓，这里是第三个，也是鲁迅一生最后的住所。

进入大门穿过天井，前面是客厅，往后是餐室，北间是厨房。这里经常有客人前来，聊天、喝茶、吃饭。有时，前面的客人刚走，后面的就又到了。萧红在《怀念鲁迅先生》中写道，"鲁迅先生从下午二三点钟起就陪客人，陪到五点钟，陪到六点钟，客人若在家吃饭，吃完饭又必要在一起喝茶，或者刚刚吃完茶走了，或者还没走又来了客人，于是又陪下去，陪到八点钟，十点钟，常常陪到十二点钟"。

二楼是卧室兼书房。一床、一桌，一椅、一柜。鲁迅习惯于夜间写作，在月光、灯光和烟头或暗或明的光亮下，执笔和各路文人、教授、学者笔谈，与各种谬论和流言论战。稿费是鲁迅唯一的收入来源，累了，就在书桌旁边的藤椅上躺一会儿。写作常常要持续到早晨。

三楼是海婴的居室。海婴出生在上海，鲁迅晚年得子，倍加关爱。听父亲说，鲁迅写过一首绝句，其中有"无情未必真豪杰，怜子如何不丈夫"，这是对其过于宠爱儿子言论的一种玩笑似的回应。

鲁迅故居内有一则史料记载说，如果不是突然患病去世，鲁迅还会再迁徙。当时，他已经准备离开此地，搬到法租界的霞飞坊。就在最后病重期间，他还急迫地催促弟弟周建人，赶快帮他在那里办理租赁手续。

当初，鲁迅租下大陆新村，除了住房条件不错外，更为重要的是这里比较幽静和安全。当时，鲁迅已被国民党浙江党部通缉，人身安全时时受到威胁。数年之后，大陆新村居住的人越来越多，且成员十分复杂。不仅有一个日本观察员，西邻还是一个巡捕房的白俄侦探。有四名共产党员，就是在这里被巡捕房抓走的。同时，日本加紧了侵略中国的步伐，而大陆新村是日本人的势力范围。

回首再看，鲁迅的每一次"逃离"，都是为了摆脱和冲破包围，那种旧势力、恶势力有形无形的包围圈。

鲁迅最初离开家乡，是不愿意再走科举的老路。而在当时，读书应试才是正路,上洋学堂,是要被人加倍地奚落和排斥的。所以离开绍兴去了南京。从日本留学回国后,鲁迅是举家搬迁到北京准备定居的。不料因为同情支持学生运动,作为教育部职员和大学兼职教授的他,遭到教育部长和一批守旧教授围攻,不得不离开北京前往厦门。在厦门大学,又为守旧的校长林文庆所不容……

当年,钱玄同走到整天埋首抄古碑的鲁迅面前,希望他为《新青年》撰稿,唤醒沉睡的国人。鲁迅提出了一个著名的"铁屋"比喻,"假如一间铁屋子,是绝无窗户而万难破毁的,里面有许多熟睡的人们,不久都要闷死了,然而是从昏睡入死灭,并不感到就死的悲哀。现在你大嚷起来,惊起了较为清醒的几个人,使这不幸的少数者来受无可挽救的临终的苦楚,你倒以为对得起他们么"?"然而几个人既然起来,你不能说决没有毁坏这铁屋的希望。"冲破"铁屋"的希望,成为鲁迅全部的创作动力。再回顾鲁迅一生的生活轨迹,不也是在努力冲破这个"铁屋"?

1936年10月19日清晨,鲁迅在上海大陆新村寓所内溘然长逝。他没有完成已经计划好的又一次迁徙。或许,鲁迅知道自己一生都无法摆脱黑暗的围剿。但他对未来有很多的期许,他希望,与同志者一起,撞破这沉沉的铁屋,为了孩子,为了后来的人们:"掮住了黑暗的闸门,放他们到宽阔光明的地方去。"

学会告别

上海市川沙中学高一

郑 茜

亲爱的小弟：

　　方才我和妈妈离开家的时候，你是很不情愿的，哭闹着要和我们一道去。但我和妈妈都没有带上你。这是一次告别，我们漫漫人生中的一次简短告别。今天我要告诉你的是，人生中的告别各式各样、无奇不有，你必须学会告别。

　　这种告别可以是像我们今天这样的简短告别——我向你挥挥衣袖，赶去学校上一个礼拜的课程，然后我们下周又能相见。这只是字面意思上的告别，不足为奇，周而复始。但是，这一次又一次的告别是我们看似漫长的等待、遥远的距离和无尽的想念，有了这些告别，我们才会更加珍惜和对方共处的时间。

　　当你渐渐地长大了，去了学校，你要学会和老师、同学乃至学校环境的告别，这种告别名为毕业。由于时间久远，我已经忘记了自己在托儿所、幼儿园的毕业是如何度过的，但小学和初中的毕业却使我铭记在心中。无论在学校里喊得多大声"我一点也不喜欢这个破学校"，毕业的时候仍有万般不舍。我望过那使我"受尽折磨"的操场、仰视过那一间小小的教室，再回想我的同学们——无论是关系好的还是关系一般的，在烈日下把毕业帽扔在空中时他们终于都成了我美好的回忆。这样的告别人生总是要经历几次的，这是为了告诉你，无论你在学校时对他人或环境有多不满，那些青春的回忆和热血是无可替代的。那是你在那片土地热烈地活过的证明。

下一种告别较为长久，也许你长大后将会经历，那是搬迁在外，或是出国。给你带来这种告别经历的未必是你自己，也可能是我或是你身边的同学朋友。这样的告别并不多见，告别后也有其他方式可以联系，但你与他人一旦告别千万里之外，你们就不再是熟悉的彼此了。你们都将拥有各自的新生活。实际上，恋爱后的分手告别大抵如此，虽然我还没经历过，但这也算是未来人生的一部分，要是你经历了这种告别，可别太伤心。

　　然后我要谈到的是最沉重的告别——生死之别。这是不可演习的，大多也是没有准备的。在我很小的时候（那时你还连细胞都不是），我曾经历过这样的一场告别，与一位老人告别。她是我们的太祖母，我们祖父的母亲。那时我不知生死之别，甚至对遗像上的老太太笑了一下，希望她能看见。也不知她在天堂看见了没有，反正遗像上的她没有回应我，我还因此被老爹训斥了——但那之后，我大约有些懂得生死之别了。

　　亲爱的小弟，我们的年龄和父母的岁数差得本来就大，父母本就无法陪我们走完一生。这样的告别，我不希望你经历，这是不会再见的离别；但人终有一死，你要尽你所能善待身边的人，孝敬长辈，尤其是那垂垂老矣的人。

　　其实告别远不止这些，也有令人愉快轻松的告别：一笔生意谈妥了，与合作方握个手告别；一个好习惯养成了，与过去那些不太好的习惯告别……这都是好的告别，不过，食物坏掉了也得赶紧告别，不要因为喜欢就留恋，告别时切忌留恋，不只食物如此。

　　这世界上有这么多人与物会和你告别，但有一样不会，那就是爱。这不是恋人耳边轻轻吐出的爱，也不是挚友之间不可亵渎的爱，这是对社会、对国家、对人类乃至对天地的大爱。这是人性本源，不是善恶，是爱。人类由爱铸成的灵魂方能使自己体会到一花一木之美，方能感受到人与人之间的羁绊，方能吟日赏月、歌舞不绝，方能为人类做出贡献！玛丽·居里夫人用试管与坩埚体现出了这样的爱，鲁迅先生用惊雷般的思想和文笔写下了这样的爱。古今中外男女老少,许多人都抒写这样的爱,我希望将来有一日,你也能以自己的方式,呐喊出你对社会、对国家、对人类乃至对天地的大爱。

　　亲爱的小弟,我虽只在世上逛了十六年多,但经历过的告别绝对是你的数倍。今天我在这里告诉你了告别的优劣、痛苦和喜悦,是希望你总有一天能真正学会告别,既不把它攥在心口,也不把它抛之千里;学会告别,你才能在冬日之末破冰时享受人生之春。

　　此致
问候!

你的姐姐
2020年6月

告别

上海市晋元高级中学高二

施 韵

说起告别，不禁想起梁实秋先生的散文《送别》，也不禁想起灞桥的杨柳，南浦的骊歌，西出阳关前的一杯酒，这些告别的对象，无疑都是他人——家人，朋友，重要之人。但我们可否与自己进行一场告别？——生活之琐碎，人心之杂念。或许，此份离别于自己而言，将更为崇高，更为感动，更具英雄主义。

我们能否同"文明生活"来一次短暂的告别？回归那阔别已久的自然生活。活在这珍贵的人间，太阳强烈，水波温柔。抽身于碌碌的生活，追寻田园牧歌式的生活，确实令人心驰神往。但若是"彻底告别"，那便是拥有与时代逆行的勇气，更具英雄主义。梭罗，正是一位这样的人物，他敢于告别文明生活，成为匆匆过客，他像修剪门前杂草一般删去生活中的繁文缛节，蛰居在瓦尔登湖畔进行一场心灵活动与试炼，一场碎屑式文明的反戈。当我们像梭罗一般从简而行，诗意栖居，返璞归真，或许在收获审美体验之余，亦能孕育精神的丰实，思想的花火，点燃自己的精神星空。

我们能否同限制自我的欲望去告别？当下，正有一批又一批青年高呼佛系的口号，正有一批又一批青年认同着"人间不值得"的价值取向。是什么令人们不得不佛系？是什么遮蔽了人们的目光，看不清人间可以眷恋之处？我想，那是限制自我的约束外力，是囚役个性的本源。人们正一步步地在舒适圈中沦为奴隶，所以，制约这个外力，打破这舒适圈吧！即使心在井隅，也有心向璀璨的能力。明代文人王世贞有一乾坤草亭，见过这亭的人，难免诧异："仅是一小破草屋罢了，为何冠以乾坤之名?"苏轼亦云:"寄蜉蝣于天地,渺沧海之一粟。"乾坤与草亭、蜉蝣,沧海与一粟,反差如此之大,都独缘其心有乾坤,心有沧海。宏观看来,人是渺小如蜉蝣,地位低下如草亭,但只要心有乾坤、沧海,也定可以遨游天地,突破约束外力,此时渺小的点也是一个圆满的生命,也是一个大我。人们应当敢于突破自我,心怀有"达则兼济天下"之梦想,于乾坤中立足,一览众山小,直挂云帆济沧海。

　　我们能否同嘈杂与欲望告别,探寻孤独与伶俜之美。李大钊曾殷切地期许,青年人应当在安静之地活动,而非在热闹之地活动。时常,嘈杂与喧闹,从由欲念缘地,看不清大局的迷茫。古来圣贤皆寂寞,若没有举世皆醉我独醒的孤独,便成不了屈原江边悬崖独吟的背影;而没有仕途坎坷的孤独,辛弃疾也难有把栏杆拍遍的爱国词章;若没有孤独,佩索阿也不会面对整个宇宙的冷漠,滥情于区区墨水瓶之微,终成无数佳作。他们因坎坷命运或去其杂念与欲望,顺从自我内心而成就自己,投身于无边无际孤独,同样也获得了仰望的高度。

　　若我们已获得了如此高度,我们能否与追名逐利的想法告别?芥川龙之介曾说:"天才总被束缚在小而舒适的名望之中。"这无疑局限了自身发展。列夫·托尔斯泰的坟墓被称为世间最美的坟墓,人们对他安静的尊重是对他生前名声大噪所带来的是非的歉意。老舍的墓志铭为"文学界的默默小卒葬在这里",亦是一种对名声的唾弃与自谦。居里夫人将荣誉勋章给女儿当玩具,也是不重功名的表现。我们能否像他们一样,可以大胆抛弃功名与名声呢?叔本华在《论名声》中曾提起"立功、立德、立言"的概念,若要立,则需抛弃名利的缠绕,以还自立于世。

　　与文明的烦琐告别,与限制自我的怪圈告别,与嘈杂欲念告别,与取得的功名告别,将成就一个大我,也将攀登一个又一个高峰。

（指导老师　刘忠礼）

告别是为了新的诗篇

上海复旦大学附属中学高二

黄胤羽

中国的文明从来都是告别的文明。

从远古，挥别第一个真正意义上的四季开始，我们一路走来，一路告别。告别远古那古拙的红陶土器，告别殷商狞厉的青铜艺术，告别魏晋风度……乃至告别时下之一秒。这些告别的挥袖中一一映着我们不舍和前进——投身于未知海中。

现今的风气中，似乎流行着将告别升至挽歌。

我实是不解。

当下世道，国学之兴起似乎并非是为了学习优秀的文化，甚至不是为了传承着什么。人们在未知面前勇气大减，我们害怕面对黑夜，只是退缩。退缩回树上、壳中，仿佛如此对未来的无知之恐惧便不会在混沌中找到我们。面对如此庞大而让人感到茫然的信息化浪潮之袭来，当我们不愿面对告别，便搬出些已被了解、熟知的过去，沉溺其中。

失去了告别的勇气，我们还会迈入另一片鸿蒙吗？

——不会吧？不会吧？让我们喃喃。

龙应台目送着安德烈，他与他的母亲在人生中告别了；朱自清挥别父亲，迈向了那列停着的火车。这些告别的时刻没有挽歌的哀恸，没有热烈浪漫的拥吻，甚至没有言语，他们相视一眼，便知道，该如此做了。

告别不必是挽歌，它甚至不需要你的哀伤。因为我们心中自是明白，所有告别是为了新的诗篇。

人类天生拥有对未知的恐惧，这是本能驱使，无可厚非，但让我们讴歌的是人类从来都有舍生取义之精神——"乘桴浮于海"。于是我们跳下树枝，奔向星空，投入海洋。这一切无不是对整个人类命运的责任感使然。从愚昧到心怀天下，所有的中国人心中都滚着一腔家国情怀，手中举着火炬。

甚至当没有火炬时，"我便是唯一的光"。

曾经我总觉得，告别过去是被迫的，时间只是走，当一回首时，我已从出生走向迟暮，在这样的迅疾中我无法做到从容地挥别过去，无法做到优雅地走进未来。我总沉浸在斯人已逝的哀痛之中，于是我加入唱挽歌的舞队之中。为萨提唱着狂欢与怆痛的歌来，我不知道死亡会何时来临，不知道如何告别，那便纵情当下吧。用狂欢和落寞逃避现实，实在是最好的出路。

可我只感恩苏轼。

一生波折，艰难险阻。黄州，惠州，儋州。这样的大起大落也没能让这位才子受挫。他还是在赤壁的滩上高唱"物与我皆无尽"，在石钟山旁听山水相搏。他似乎从不为身外物烦恼。总是潇洒地告别过去的辉煌，关带当风地走进下一段看似悲惨的命运。

去黄州便去看山水。唱快哉！去惠州便吃荔枝，去儋州则漫步沙滩，这是何种勇气，使他毅然地闯入未知？

是旷达。是恣意。是真正的潇洒。

苏子不是李白，他不会为贬谪而郁结于心，只有在月夜下高歌不甘，他会告别过去走向全新的未来。

是 break into golden days 的酣畅。

在他千年前的衣带纷飞中，我仿佛找到了力量。

当然，我也爱戴鲁迅。

《狂人日记》是第一篇白话文小说，多么震撼。他是射向黑暗岁月中的光，是我见到的告别过去中最大胆的一位。苏子与命运抗争已实属不易，他却是和几乎整个中国抗争。是救民于水火的大任。但我见到的他，却是依旧留着胡子，会与文人夜谈不眠的可爱形象。

他与愚昧告别的形象，是史诗般的。是用肩扛着黑暗的闸门放出青年——到光明的地方去！是激励他们"摆脱俗气向上走"！

他是遮天的黑暗中唯一的光。

这两个人物从来都是给我以震撼的。享受生命、享受文学，直至舍我其谁？这样的感动弥足长久，却仿佛能激起骨子中漾着的中国之骨血——舍生取义。是盘古开天地、女娲造人以来从来都留在我们血管之中的中国精神。

以天下为己任。

有些东西，是在岁月变迁中无法告别的。比如鲁迅的精神，苏子之品格。是这样的令人热泪盈眶的东西让我们成了人。

现在，当我们谈告别时，我们在谈什么？

是雏鹰告别巢穴，飞向天空的勇气；是告别愚昧时的有鬼夜哭？不，我说，这都不是。

告别我们熟悉的，铭记于心，然后勇敢地面对未知。告别胆怯，恐惧……去寻找新的诗篇。

怀揣着曾经送给我们的礼物，怀揣着无法告别的，融在骨血中的东西，去飞向漫天的繁星。

告别的意义从不在于忘却或从此拒绝，而是在美好中去寻找更美好，去热爱未知，拥吻未定的未来！

——所以，当我们谈告别时，我们在谈什么？

谈苏轼，谈鲁迅——谈佩索阿的玫瑰。

那心中永远的回忆和温柔的勇气。

告别从来不是挽歌，它是平静的，悄无声息的。是涟漪。是风吹皱了的日内瓦的湖面。

告别，从来都是一个美好的词汇。

它的身上有唯一的光，有金子般的颜色。

当我们生活在这个银子般沉重而明亮的时代,千万不可忘记告别。是它才能让我们跳脱出来,寻找一块碧蓝的水晶。

去学老子吧。告别玉门关,步入大漠。

当你问我告别是什么——

是佩索阿的丽缇雅,是曹植的洛神。

是希望。

是走向未来的路上唯一的光。

告别不善

上海市市西中学高二

王 者

　　山，拔地参天，高耸雄伟；水，静若处子，动若脱兔；天，苍茫无垠，深邃无边。那人呢？我想，应是胸怀仁爱、与人为善、美丽的样子吧。

　　但现实告诉我，人的意愿与实际总是隔着遥远的距离。最近发生的种种匪夷所思的事件，都让我觉得"美好"这个词早已不再，这些案件的发生与"人之初，性本善"的初衷背道而驰。可是至今，为他们站出来的发声者太少了。虽然我知道，可能有一个人站出来后，会有更多的人站出来，但这第一个人在哪儿呢？也许有，但是太少了，太不够坚定了。江西南昌，一名男子因找不到妻子而报复社会，随机挑选一名女子将刀刺入她的大动脉；世外小学，一名男子持刀恶意伤害小孩和家长，原因是自己在上海找不到工作要报复社会；重庆公交车坠江事件的起因，是一名女子因坐过站与司机发生争执，后竟抢方向盘导致公交车失控坠江，全车溺亡。最近这样的事相继发生，我不禁想：是不是要等到山失去棱线，水流都干涸，冬天泛春雷，这消逝的"善"才会再回到我们身边？

　　等不及了，今天起，就要与"不善"告别。萨特说过："在黑暗的时代不反抗，就意味着同谋。"

　　的确，在重庆公交车上，乘客们看到该女子与司机发生争执，竟无人上前制止，这是当今社会的一大"顽疾"——冷漠。我们常说的"不管闲事"是指不去干涉别人的隐私，别去打扰别人的生活。但在这里不一样，难道乘客们不知道在司机开车时打扰他是不被允许的？在美国，这甚至要被判刑。只是乘客们都觉得与自己无关罢了，他们又有谁会想到自己竟成了陪葬者……

由此看来，冷漠就是不善，或说，何止是不善！与"不善"告别，势在必行。

告别不善，因为每个人都享有"阳光"的权利。南昌的杀人事件看得我无比寒心，好端端地走在路上，竟不知下一秒自己是死是活。这名男子将自己的无能撒泼在无辜的路人身上，这样的垃圾人难道应该被纵容吗？

告别不善，因为这个世界需要善良者。路怒症司机连声辱骂、地铁早高峰时因为挤了一下而开始扭打导致地铁停运，如今竟有这么多人吝啬地藏住自己的善良，将不知哪变异来的如此恶劣的品质在阳光下展露。

埃蒙迪·柏克曾说："邪恶盛行的唯一条件是善良者冷漠。"是的，若为善者不再发声，那世界将被越来越多恶劣的、自私的、利己的、丑陋的不善人所"主宰"。我们应该用善良感化他们。

人是怎样的，社会就会变成什么样子。很喜欢林清玄先生的作品，记得他在《处处莲花开》中写道："我对计程车是很有感触的，当你坐进一辆车，看到司机的脸色，你便知道这会是怎样的坐车体验了。当司机是一个满脸怒气的司机，那这车也必定灰头土脸；当这车脏乱破旧，你也别指望这车的司机会是副和蔼客气的模样。因为车和司机本就是一体的。"告别不善就是在为世界多争取灿烂的阳光。

看见过很多人围着在大街上吵架的一对人，叉着腰在一旁看戏，当有人站出来制止时，却听一旁许多人说："这人真是有病，多管闲事。"殊不知，看着丑陋行为却无一点反应的人，内心着实是万般丑陋。也是，鲁迅先生在《狂人日记》中说："狂人，即是清醒者、先知，但却被视为疯子。"不必在言语上争个明白，行善便是了。那些不善者自会觉得自己在"阳光"下是多么突兀、不合群。

李大钊曾说："必须不驰于空想，不骛于虚声。"我们一起，告别不善吧！

希望未来有一天，乡间小路沐浴着阳光，我们穿行在路上，身边的花儿竞相开放，她们的名字叫善良。

第十辑
叩问灵魂

写给螃蟹先生	董一凡
汝瓷·宋徽宗	吴 莹
淡妆浓抹总相宜	董愉靖
中华经典，我的精神家园	沈怡凡
向着光明，稳步前行	陆翌沁
生而为人，微而不卑	张博涵
最美不过如花的情	苏 畅
别让雨下进灵魂里	刘 姣
又见孔乙己	张旖天

写给螃蟹先生

上海市亭林中学高二

董一凡

螃蟹先生：

　　原谅当我提笔写这封信时，还是想以螃蟹先生来称呼您。生命本来没有名字，我甚至有些淡忘您的姓名，但您留给我的回忆，肆虐地在我的脑海里横行霸道。

　　记事起我就爱吃螃蟹，其实是吃不来的，那鲜美的黄我常常会丢给您，留下几只螃蟹腿吮吸它白花花的肉。人最大的小确幸大抵就是有一个人会记住你随口一提的喜好，是的，我那时说，我最爱吃螃蟹，我才六岁，又懂什么是最爱呢？但从那以后，有我参加的饭桌上就一定有螃蟹。那是极大的温柔与宠爱裹着我啊。

　　您具有强烈浓郁的书生气，仿佛天天就是泡壶茶读本书，从小还教我认真写字，您说"字好文一半"，我记得。

　　您从不爱凑热闹，两耳不闻窗外事，一心只读圣贤书。您讨厌喧哗的外界，人类的悲欢并不相通，您只觉得他吵闹罢了。

　　史铁生笔下的《秋天的怀念》是我读过少有的有共鸣感触的文章。北海的花开了，史铁生却没能和母亲去看一场花开花落。您生前也很爱看花，您说油菜花大片大片的，十分灿烂。樱花开得浪漫且醉人，北海的花开了……紫色的花淡雅，白色的花高洁，红色的花开得正热烈，潇潇洒洒……

　　话说回来，要是您读到这封信，看到我称您为螃蟹先生，一定会打趣儿地说我没个正形。不是的，史铁生那篇合欢树是怀念母亲的，而我又怎么只是爱吃螃蟹呢，螃蟹先生。

先生，我从没和您告过别，您匆匆离去，连一句交代也没留下。所有的告别里我最喜欢"明天见"，看来我明天得买两斤螃蟹了，睹物思人嘛。

您知道的，我写着写着就把情感透露出来。是的，我很想您，我愿您平安，饿了有肉，冷了有酒，若是想去看花，那我也会推着轮椅带您去，您是个浪漫的小老头，请保持浪漫。我从来不知道为何您经历了七十年光阴还能浪漫，还能开怀大笑，后来我明白了，您这一生遇到数不胜数的美好事物，您被温柔包裹着，一个人能被上帝保护得如此周全，我甚至有些嫉妒。

若您在场，看到当今社会那些丑陋的新闻一定会气得跺脚，没关系，您尽管温暖，那些恶，迟早会沉沦。

读《妞妞，一个父亲的札记》时，我印象深刻，周国平文字里读出他的不舍、他的疼痛，他说妞妞走的那个夜晚，妞妞的小手指突然塌了下来，很平静，一切也在意料之中……看这本书的时候我还是初一，当时大抵只是心疼妞妞，感伤罢了。后来再去翻阅时，我敬佩周国平先生，他将告别写进书里，不惧怕什么，而那么多年了，我不仅没和您告过别，我还逃避，现在我写下这封信，我想和您说再见了，爷爷。

心里一阵坦然……人生里每一段故事都应该有告别的，有头有尾的。旅途一起走过，也已不负一生。

我写了一封信，没邮编没地址，不知道该寄到哪儿去。思念是一张船票，也是这封信，我在这头，您在那头。

我要止笔了，纸短意长，见字如面。

世界是平的，思维是波动的，我在想您。不得不承认我与您这声告别后再也不会重逢。我好想重逢，我好想这世间所有的告别都有一个"这位妹妹，我曾见过的"那样的欣喜相逢。

月亮有它的皎洁,您是最亮的星星。

不用回信。

思念着您的人

写于上海

汝瓷·宋徽宗

浙江省绍兴市第一中学高二 吴 莹

你说你最爱那久雨初晴的天空。碧空如洗，纤尘不染。远云浓，水溶溶。一抹淡淡的青色在天边肆意渲染，若有若无，时隐时现。

这该是，天青色吧。你低眉敛目，慢吟细诵，在字字珠玑里，有着一点点得意，一丝丝踌躇。

一声令下，几代窑上的焦头烂额，多少次品的支离破碎，成全了我，一抹属于你的天青色。

日日夜夜，我以最美的姿态立上你的书桌，怀抱怒放的水仙，在冬日猎猎寒风中，窥视你的情怀。

汝瓷，那是你在轻轻唤我。那是两个陌生的汉字，但我固执地认为那是最好的。

因为，你是我的帝王。

还记得你一笔一笔描摹着鸭戏菱蒿的春色，还记得你一字一字斟酌着闺中少女的娇羞。还记得你挥毫泼墨，洋洋洒洒书写你的瘦金楷体，还记得你精雕细琢，仔仔细细勾勒你的"天下一人"。吟诗、作画、饮酒、赏月，我宁愿相信这是帝王生活的全部。俯仰之间，四目相对，我看见你满含赞叹的目光，对我，这一抹天青色。

我以为，我们就将这样长久对望下去，不论林花谢了春红，是怎样的匆匆。

只是不久后，你走了，这座宫殿不在了。再后来，这座城池也淹没在黄河的怒涛里。

然而，我还在。历经千年如故的，是那抹永恒的天青色。

历经千年，眼前的世界早已变得目不暇接。从沉鱼落雁的釉里红到闭月羞花的青花蓝，从雍容华贵的珐琅彩到清新怡人的粉彩瓷，你曾钟爱的天青色早已成了后代窑工难以复制的经典。

而我，被摆在一代代帝王的案头，在手里把玩。直到天朝上国的幻梦化为泡影，我在惨淡的月色里仓皇出逃。

哪个窑工还在探寻天青色的秘密，哪位志士还在嗟叹宋徽宗的悲剧？地球上空，再也看不到那片如画的天青色了吧。

此时，我端坐在海峡彼岸安静地想你。年华流转，光阴穿梭，孩儿枕，《听琴图》，当工作人员将我们放在一起代表宋朝，我看到了你，你那越过宋朝烟雨的脸庞。

舞蝶迷香径，翩翩逐晚风。当所有书法家秉承"善藏锋者成大器"的古训时，你选择了特立独行、锋芒毕露的瘦金体。终于，你等来了你的悲剧。靖康之耻，客死他乡，你心中永远的痛定格在北宋无始无终的痛。

也许真的不是你的错。你本不可能像秦王汉武一样运筹帷幄，像唐宗宋祖那样治国安邦。

也许，你本就该是与米芾齐名的书法家，你本就是与范宽比肩的画家，你本就该是与柳永争锋的词人。

徽宗，下一世，我愿与你相逢在人间盛唐。高台亭下花雾里，往来舟楫水云中。你固守着你的琴棋书画，我珍爱着我的清浅光芒，在你痴情的山水天地间，相拥而老。

淡妆浓抹总相宜

上海市育才中学高一

董愉靖

"欲把西湖比西子，淡妆浓抹总相宜。"

这是苏轼眼中的西湖。其实，不仅有杭州西湖这一个"西湖"，也可以指洞庭湖，亦可以是太湖，哪怕金鸡湖，最不济从家望出去那一片人工湖。"西湖"也可以不是湖，可以是各种记忆中的一栋独楼，一群楼，一片楼，各种楼。然后，"西湖"可以泛指世界上任何一个角落，任何一处长满青苔无人问津的地方。

他说，不行，"淡妆浓抹总相宜"要形容好看的。要有春风拂过的那一种柔，要兼备秋风飒飒的那一种刚……

我不这么认为。

为什么？没有为什么。

它形容美，既可以形容美，那为什么不可以形容任何一种形态？现在所谓公认的大家都点头认同的"淡妆浓抹总相宜"不过是提出时的一种大众审美的趋向，又怎么能以此来概括下结论呢？

问题的来源，在于"眼光"。

如若我活在苏轼的那个年代，我热爱的是琴棋书画，我受的教育是"仁义礼智信"，我读的是"诗书礼易春秋"，那么我对于他的观点和诗句佩服得五体投地。但我活在现在，或许我热爱的是手机智能，我受的教育是"德智体美劳全面发展"，我读的是《三体》，又更何况现在的"西湖之行"何等地糟心不已，对于他的观点，我不敢批驳，也绝不苟同，但我也只能怀念一下几百年前的那个杭州西湖，"最爱湖东行不足，绿杨阴里白沙堤",再乐此不疲地关注一下华为的新"奇遇"。

先不谈西湖的旅游业已是多么的饱和,我想说的是,关于"淡妆浓抹总相宜",我们的眼光应早已不限制在西湖这类美好的东西,社会改变了,教育改变了,我们变了,我们的"眼光"也早该跳出大众的范围、大众的趋向。

我们的"眼光"不是大家的。"我言秋日胜春朝",这是刘禹锡说的,那在他的眼里"秋"就是"淡妆浓抹总相宜"的,结果呢,大家都说好。可笑!"大家"的眼光总是这么不堪一击,怎么有人一说就会有人信呢?没有丝毫犹豫地倒戈,让这首诗备受好评,流芳百世,却忘了,这是刘禹锡的"眼光",不是自己的眼光,更不是自己的那个"淡妆浓抹总相宜"的春光。

我们的"眼光"应是自己的。只因"个体"在生活中不可割舍,每个人的审美观,都是不同的。我认为这个好,你觉得那个佳,或许在我眼中,我并不觉得你那个好,也就并不能体会你说的那种"淡妆浓抹总相宜"了。

唉,其实在此中的"淡妆浓抹总相宜",并不是真的要"淡妆",要"浓抹"地去看看都好不好看,而是因为发自内心地喜欢,才觉得怎么都顺眼。每个人喜欢的又不一样,又怎么能强求,又怎么忍心夺其所爱,生生扣上那个你所认为的"淡妆浓抹总相宜"呢?

人呀,总体呢,还是心善的动物。所以我们的"眼光"应被守护。守护,不过点个头认同,要是被别人一不小心拉过去,那可就不好啦。倘若你真的赞同"日日思,夜夜想",另当别论。但是,若是一个盲目的尾随者,那就是一种碾压性的失败。当个守护者,再追随自己的"眼光"没什么不好,但又何必做个背信弃义、趋炎附"势"的人呢。那样的人,恐怕自己都不喜欢吧!

从今往后,休要说什么"淡妆浓抹总相宜"说的就是西湖,就是美的。被人唾弃的东西自会有"独到"的人捡真情当宝,赞扬"淡妆浓抹总相宜"。无人问津被遗忘的东西自会有"伯乐"拾起来，大加称赞"淡妆浓抹总相宜"。

任何东西都会有归宿的，它们都配得上这句话。

但是对于有的与社会伦理背离的东西，我还是劝它找不到归宿，评价此类东西"淡妆浓抹总相宜"实在令人作呕，也狠狠玷污了这句话。

每天早上起来，照着镜子也要对自己来一句，让每天都有个好心情。

"欲把西湖比西子，淡妆浓抹总相宜。"

是的，你配得上它，因为我爱你。

愿我们都能好好追随自己的"眼光"。

中华经典，我的精神家园

上海市川沙中学高二 沈怡凡

田垄上吹来的风，透过那半开的窗子倾入几分，倒是缓了这般酷热的暑意。

我起身，从橱上拿下一罐茶叶，抽出几根，用热水泡开，看它们在水中的姿态，倒像是几个初生娃娃，张开着臂膀求安慰。我将第一壶茶沏开，倒掉，再倒入滚烫的开水，那阵清香便散发开去，伴着清风，在屋子里起舞。

我向远处望去，田野里的小麦渐渐成黄色，衬着远方天际的云卷云舒，倒颇有一番情调与韵味，让我不禁想起过往的种种。

不及诗词赠我情

记得儿时，放暑假或是寒假，总要回家乡看一看的，那时的水还要清，那时的天还要蓝，那时，家门前的橘子树还会结上果实……

"囡囡啊……"那时，那个倚在门旁的老人还会殷切地叫唤我。

我小时候挺捣蛋的，帮着外婆种菜时总是会东奔西跑，她根本挡不住我便只得无奈地笑笑，随我去了。至于种了什么菜，怎么种的，什么时候收，我一概不记得了，只记得那时吃过晚饭，外婆总要带我出去散步划船的。

我的故乡是典型的江南水乡，于是，我最早学会的，不是寻常人家教的"白毛浮绿水，红掌拨清波"，而是外婆教我的"小桥流水人家"。每每晚上，月亮露出了半边脸，或是挂上树梢，我总要喊一声："呀！月亮。"外婆嫌我没气质，便教我："月上柳梢头。"于是，我大声喊着："月上柳梢头。"后来在河边打鱼归来的几个老伯伯见到我外婆总调侃："凤娟哪，你这孙女可真有文化。"

外婆摇着桨，给我讲着"小时不识月，呼作白玉盘"，穿过了一个又一个的桥洞，又给我讲"杨柳岸，晓风残月"，讲过了一年又一年。懂得了"山重水复""柳暗花明"，了解了"一蓑烟雨任平生"之旷达。日历在她手上翻飞，那皱纹也渐渐上了眉心，却在我心中种下了诗词的种子。等后来麦子收割，我也该回去时，只听她对我说："稻花香里说丰年，听取蛙声一片。"我伴着蛙声离开，却又不承想她后边喃喃细语，"遥怜小儿女，未解忆长安。"

诗与词，贯穿了我整个童年，倒可以用上：不及诗词赠我情。

淡妆浓抹总相宜

渐渐长大后，母亲送我去学习书法。当然，像我这般坐不住的孩子，的确是个苦恼。我本来就对书画没什么兴趣，对书法更是排斥。

真正爱上它，是什么时候？我也记不清了，大抵是在拿起毛笔时的自信，与下笔时的娴熟罢。从欧阳询的《九成宫碑》，到颜真卿，我用了三年的时间去领会那挥斥方遒的豪迈笔锋，那些一撇一捺是饱含着深情与温度的，是藏着大气与正直的；从颜真卿到王羲之的《兰亭序》，再到《怀素帖》，我又用了三年去细细品味行楷、行草、狂草的模样，无不透露出作者对于书写的热爱，那些落落大方的字迹，皆是正气与坦荡。

后来，略识了水墨画，才惊叹道，中华的经典形式多样，且都震撼人心。很多书画里都是"画中有诗"的意境。老舍先生请齐白石先生画的"蛙声十里出清泉"，绵延的山谷，迸发的清泉，让人歌颂与敬仰。诗词书画，自为一体，可称得上是"淡妆浓抹总相宜"的美感了。

同父亲一起花间一壶茶

再大些,便喜欢上了茶,家里的橱柜上三分酒七分茶。父亲喜欢品茶,我则喜欢看茶叶舒展的模样,乐于茶道。闲下来时,也总爱泡一壶茶,哪怕是花茶,也是满心欢喜,看着茶叶初生的模样。

那舒展声浪轻,却是茶语入我心田。

它的魅力还在于茶道精神,那般入口微涩,后觉清甜,不正是人生的真理、品茶的乐趣吗?

我望着田野边际渐沉的落日,呷上一口清茶,倒有种置身于花间的清凉,心想,下次可试茉莉茶,应该比这菊花茶更清甜可口……

诗词书画,茶语清香,皆是我的精神财富,亦是中华之经典。它们源远流长,传承那份千年美意,也永驻国人心间。

不信,你仔细听,那茶语,诗词,书画……

(指导老师 王林娟)

向着光明，稳步前行

上海市嘉定区第二中学高二 陆翌沁

现如今，快速发展的信息时代给人们带来了不少便利。然而，信息时代，网络社会也带来不少弊端。网络暴力是其中最典型的一个。网民隐藏在屏幕的另一边，便有了最好的防御。于是，他们变得肆无忌惮，对于站在群众对立面的少数派群起而攻之。

这是最好的时代，也是最坏的时代。

种种此类的行为，可以说是为信息时代的天空蒙上了一层阴霾，使之不再光明纯净。

一个人在网络上的言行举止，可以充分反映出其思想的轨迹。由此，人的矛盾性思维变得清晰可见。有人在大力支持女性经济与思想独立时，也同时鼓吹着"女德班"教育女子遵守"骂不还口，打不还手，逆来顺受，绝不离婚"的"妇德"；有人把大龄未婚男性叫作"钻石王老五"，却把大龄未婚女性贬为"剩女"；有人在国外懂得遵纪守法，不闯红灯，不随地吐痰，却认为在国内不必做到，毕竟大家都不这样，自己又何必"独善其身"；甚至有影响力极大的新闻媒体为博眼球而刻意将新闻标题玩笑化、低俗化……这些惊人现象，或许很难从日常生活中观察出来，但当人们一旦戴上网络的面具，用匿名的身份来摆脱来自现实的束缚，那么，光怪陆离同时却又清晰反映人性黑暗面的网络社会诞生了。

这部分人，或许只是亿万网民中的少数，但他们俨然习惯于生存在黑暗之中，习惯于为黑暗而辩护，为自己的苟且而扬扬得意。

虽然说的是网络现象，但归根结底，还是一个人性的问题。

人云亦云的现象始终都是有的，只不过在网络上，这种现象被扩大了百倍千倍。不论听到的消息是真是假，只要"有料"，能够博人眼球，转发无数，那就足矣。于是，一传十，十传百，大家说的是什么，你就不由自主地跟随他们，哪怕传播的内容是错误的。在这个过程中，庞大的"人云亦云"都收获了一种扭曲的快感。

　　明智之人当然不会这样，他们试图发出声音，但终究敌不过网络舆论的攻击，被扼住喉咙。悲壮的牺牲者是受人敬仰的英雄。但身处黑暗之中，既然要向着光明前行，就必须让自己学会生存。如果发出声音很危险，那至少保持沉默。这是没关系的。然而，重要的是使自己身处黑暗，同时不被黑暗吞噬，拥有一颗向着光明的心。

　　王开岭在《精神明亮的人》中写道："即便不能展翅飞翔，哪怕只能匍匐前进，也要一厘米一厘米地前进着。"就算道阻且长，行进缓慢，也要稳步前行。

　　网络世界所反映出的社会问题或许永远不会消失，但我认为，向着光明而生的人会逐渐取代卑劣者，使当今社会向着更好的方向更快地发展。

　　曾经有一个哲学家提出过"向死而生"的概念。他认为，"死亡"可以拆成"死"和"亡"两个概念。"死"是指一个个体肉身的湮灭，"亡"则是一个个体的精神被遗忘，从而彻底消失。我们每一个人从出生开始就向着"死"的道路走去，但只要精神能够发光发亮，哪怕只是黑暗中一撮不起眼的光明，那么我们就不会"亡"。

　　曾有人说："如果天空是黑暗的，那就摸黑生存；如果发出声音是危险的，那就保持沉默；如果自觉无力发光，那就蜷伏于墙角。但不要习惯了黑暗就为黑暗辩护，不要为自己的苟且而得意，不要嘲笑那些比自己更勇敢热情的人们。我们可以卑微如尘土，但不可扭曲如蛆虫。"

　　或许光明离我们很远，但光明是生而为人有血有肉的我们不可以不追求的。

　　即便久居黑暗，也可以做到"十年饮水，难凉热血""不忘初心，方得始终"。首先要让自己心向光明。

所以，请向着光明，稳步前行吧。可以缓慢，但绝不可以退缩。让自己"心向光明"的精神，从世界这个"大存在"中的一个"小存在"脱颖而出，即便卑微如尘土，但积土可以成山，积水可以成渊，"心向光明"者多了，"尘土"的力量便不再微弱，于是，便有了光明。

（指导老师　周　莺）

生而为人，微而不卑

上海市进才中学高二 / 张博涵

德国作家卡夫卡的手杖上刻了这样一句话："任何事物都可以摧毁我。"虽然卡夫卡骨子里的怯懦和神经质是因其家父严厉的教诲，但他反映了一件不容辩驳的事：人在绝对的权威面前，总是卑微和脆弱的。

一万多年前，当人这一物种还处于萌芽阶段时，大自然是绝对的权威，人们的吃穿住行以及生存的一切需要都得看大自然的脸色。中国神话中女娲挥洒泥土造人，西方神话中普罗米修斯给人类带来火而遭受酷刑的例子都从侧面印证了人在天地面前是那样的卑微和渺小。

但诚如古人所说"人定胜天"，随着时间的推移，人们为了谋求战胜大自然，建立了社会制度。但这样的举措有改变人类的卑微脆弱吗？显然没有，或者说更甚之。明清时代文字狱的盛行，二战时期的屠杀侵略，国民党的白色恐怖……人类通过发展科技弥补了生存上的困难，但为何这种黑暗的权威依旧存在？

难道是因为人类习惯了黑暗，习惯了沉默，习惯了苟且，习惯了盲目地随波逐流吗？科技的发展带给人们真正能面对历史中的权威，证明自己并非卑微脆弱的东西：与世间的苦难和解而并非认输，面对而并非逃避，思考而并非盲从。

我们总要学会与世间的不公和解。原始人和自然的苦难和解。苏轼和朝廷的贬职污蔑和解。曼德拉与南非种种不公平的举措和解。但"和解"并不同于认输，人类的伟大在于他能在不解中谋求"和"，谋求"解"。

人类的卑微除了世间权威的影响，更在于我们总是害怕面对。明清时期的统治者哪怕当上了皇帝也无法直面自己的出身而寝食难安到兴起文字狱。二战结束后的日本右派分子无法面对日本军曾在中国犯下的滔天大罪而矢口否认种种指控。正是这种无法直面过程、事实的心态让人们企图用各种手段去抹除否认自己的卑微。但有些人反其道而行之，二战后德国总统亲自去往波兰在犹太人纪念碑前下跪。村上春树作为日本小说家不顾右派的威胁总在书中揭露二战中日本军国主义的罪行。前者想尽办法去否认逃避过去否认自己的过程，后者则选择面对过往，接受过往，叙述事实，哪种行为更高贵，更能摆脱卑微的头衔，一眼便知。

但在面对事实的时候，我们便会无奈而震惊地发现，往往所谓的"权威"正是由"卑微"的个体所组成的，因为他们选择了盲从而放弃了思考。

赵高指鹿为马时，大臣也随声附和。古斯塔夫·勒庞在《乌合之众》中说："群众是盲目的。"当一个人在为了自己的利益而颠倒黑白、不分是非地追随主流时，他便放弃了思考，放弃了生而为人最宝贵的东西：独立的思考。也许环境黑暗危险，你不敢发声，但你不能放弃独立思考。只有这样，人才能摆脱卑微，以精神之独立而立足于世。

鲁迅先生曾说："苍蝇嗡嗡叫得再响，它始终是苍蝇，而战士即便战死成为尸体，他仍是战士。"人生而脆弱，但倘若为了掩盖自己的渺小而向世间的不公认输，逃避自己的弱小，盲目追随主流，那便是从一根有思想的芦苇变成了一条扭曲的蛆虫被人唾弃。

福楼拜也有根手杖，上面也刻了一句话：

"我可以战胜任何事。"

当承认自己的脆弱微小时仍保持着与不公和解的坦然、面对过往的勇气、独立思考的冷静时，你便不再有精神上的"卑微"，你便战胜了一切。

生而为人，微而不卑。

（指导老师　田　芸）

最美不过如花的情

吉林省长春市第十一中学高一

苏 畅

人,与茫茫宇宙相比,渺小得几乎可以忽略;生命的长度,与悠悠历史相比,短暂到如一瞬。然而这世间最美的并非浩瀚的宇宙,也并非恒长的历史,而是那些如花般的情。

盛夏的黑种草

在错误的道路上,是谁的忠言逆耳?跌倒时,是谁的真诚搀扶?痛苦时,又是谁如一缕春风般拂去脸上的泪水?

没错,是朋友,正是忠诚的友谊让我们走出了孤单,遗忘了黑暗。罗伯特·布拉亥曾说过:"友谊,那是心灵的神秘的结合者,生活的美化者,社会的巩固者。"

战国时诸子之一的庄子人尽皆知,却很少有人知道他的对手惠子。庄子与惠子在争论中使双方的思想都得以完善和发展。他们既为对手,也是最好的朋友。惠子死后,庄子扶墓悲叹道:"我没有同伴了。"

庄子与惠子,两个拥有不同思想的人竟会成为如此情深意重的挚友,这正印证了那句话:君子和而不同,小人同而不和。真正的友谊并不需要两个人对待事物总是有相同的看法。即使这样友人之间也可以和睦相处。

柯南·道尔笔下的大侦探福尔摩斯是侦探迷们心中的偶像,他与助手华生破解了一个又一个迷案,闯过了一道又一道险关,大多数人都认为华生不过是一个沉默的记录者。但在福尔摩斯心中,华生是他一生中唯一的、无可取代的朋友。正是由于华生的存在才让那个古怪孤傲的大侦探变得更加人性化。

李白与杜甫，俞伯牙与钟子期，马克思与恩格斯……真正的友谊如同盛夏的黑种草，是骄阳下一缕清新的香气，是世间最明媚的情。

彼岸的曼陀罗

一花一世界，一叶一追寻。一曲一场叹，一生为一人。这，便是爱情，唯一的、专一的、如一的爱情。

曾经我总觉得"你是我的唯一"以及"为了你我可以放弃全世界"这种话都是不切实际的，是恋爱中男女一时头脑发热而说出的。但当我真正感悟到爱情的伟大时才懂得，世界上总有这样一个命中注定的人，抓住了那人的手就相当于抓住了全世界。

令我流泪最多的便是《泰坦尼克》中杰克与萝丝的爱情。邂逅的短短几天，萝丝经历了她原本单调乏味的人生中最美好的时刻，与那个坚定地说出"你跳，我也跳"的男子相拥站在围栏前，以飞翔的姿态拥抱大海，这经典的一幕已被无数人铭记于心。"泰坦尼克号"沉没后，浑身被冰冷的海水所浸没的杰克用颤抖的声音对萝丝说："萝丝，答应我，你要活下去，永不放弃。"萝丝用同样颤抖的声音回应："我答应你，永不放弃。"这一刻在我的脑海中定格，这一刻我看到了爱情圣洁而夺目的光华。

每个人都有这样一个命运之人，只有那个人才能与你一同分享爱情的果实，关键是能否在对的时间遇见对的人，否则那果实将变为一颗禁果，招致两个人的毁灭。

闻名世界的电话发明者贝尔十分热爱音乐，可是他的爱妻拉蓓尔却是个聋子，贝尔不厌其烦地教妻子哑语，为妻子四处奔波求医。当第一部电话问世时，贝尔说："我教妻子怎么'听懂'别人说话，而她却教会我正确地认识和对待生活，使我感受到了人生最美好的事情。"

贝尔和拉蓓尔让我们看到了，爱情并不需要海誓山盟，也不需要轰轰烈烈，只是如那彼岸的曼陀罗般，鲜艳而又神秘，迷人又低调，这是世间最绝美的情。

回忆中的迷迭香

有这样一些人，成长的路上有他们相伴，不离不弃；有这样一些人，体内相同的血脉将我们彼此相连。父母的爱，兄弟姐妹的情都在诠释着那刻骨铭心的亲情。

古代的贤者讲"孝悌"，所谓"孝"是尊重父母和长辈，"悌"则是强调，弟弟要爱戴哥哥。

北宋时期的文学家苏轼及苏辙是一对情意深重的兄弟，即使被贬两地，他们仍是心灵相通，思念着彼此。《水调歌头》小序中一句"兼怀子由"包含了一个兄长有万语千言却无法与弟弟倾诉的悲痛。

父母陪伴我们走过前半生，子女陪我们走过后半生，兄弟姐妹则是伴我们一辈子。现在社会上独生子女日益增多，或许手足之情正渐渐被遗忘，但永远不会被遗忘的两人，亦是给予我们生命的那两人——父亲、母亲。过去流传的二十四孝的故事及现在的父爱母爱的故事都在提醒着那些忙碌奔波的人，父母无论何时都是我们至亲至爱的人。

亲情，是难以割舍的，如回忆中的迷迭香，流淌的是侵入骨髓的浓郁气息，是世间最深刻的情。

传说中是神创造了人，人觅得了情感。山川的壮阔，大海的无垠，世界的绮丽，终美不过那些如花的情。

别让雨下进灵魂里

山东省曲阜一中高二 刘姣

著名诗人汪国真有这样一首诗:"心雨的时候,晴也是雨;心晴的时候,雨也是晴。"我们不妨换言之:"心噪的时候,静也是噪;心静的时候,噪也是静。"外界的噪声能伤害我们的肉体,而内心的噪声,却足以损害我们的灵魂。唯有宁静,才能淡泊;因为淡泊,才能抵御金钱、名利的诱惑。

别让雨下进灵魂里,让心灵流淌清澈的泉水。

哲人说得好:"环境的宁静只阻挡了外来的噪声,而真正能产生干扰的噪声却来自我们的内心。"是啊,若是心中充斥着噪声,便会在诱惑的花丛中迷失方向,唯有携一颗宁静的心上路,脚步才会踏实,人生之舟才不会偏离航向。

唯有宁静,才能使一个人远离金钱名誉所带来的纷纷扰扰;唯有淡泊,才能让一颗心在喧嚣嘈杂的尘世中寻找方向。

曹雪芹撰《红楼梦》食粥而心无旁骛,披阅十载,增删五次;歌德为创作《浮士德》而全身融入六十年;塞万提斯在喧闹的酒楼中创作《堂吉诃德》;塞尚怀揣一颗平静的心,从法国巴黎回到南方小屋,创造出了绝妙的绘画作品;沈从文在那狼烟四起、烽火遍地的动荡年代,静下心来,独居一隅,把湘西小城描绘得那么美;钱锺书不浮躁,不图虚名浮利,不接受采访;居里夫人、袁隆平、陈景润等人都在科研界取得了巨大成就。

通俗歌手朴树坚守内心纯净的音乐信仰,宁可三年不发专辑,也绝不粗制滥造，迎合商家利益，正是这种纯净，让《那些花儿》不知感动了多少麻木的心灵，为流行乐坛注入了一股清新的风。

因为宁静，所以淡泊，因为淡泊，所以舍得，譬如金钱、名利、虚实。这些伟人们正是拥有一颗宁静的心，才得以在嘈杂的社会中诗意地栖居。

心静，雨才不会下进灵魂里。

静，并非微风不动，有如一潭死水，而是能在世事嘈杂中保持自我，在灯红酒绿中掌控住方向。

心静是面对喧闹嘈杂能够心如止水；心静是面对铺天卷来的荣誉光环能够淡然处之；心静是面对人生的惆怅能够闲庭信步，坐看庭前花开花落。

宁静的心，不为欲望纷争所侵扰。它是"结庐在人境，而无车马喧"的镇定，是"孤舟蓑笠翁，独钓寒江雪"的从容，是"采菊东篱下，悠然见南山"的恬静，是"心静自然凉"的境界。

陶渊明面对向荣的欣欣之木，始流的涓涓之泉，始"感吾生之行休"，后又反问"胡为乎遑遑欲何之"，最后看破玄机。"乐夫天命复奚疑"，正是一种看轻名利、看破生死的宁静使他心如止水，正是这种心如止水的平静使他即使箪食瓢饮也安然自得。

你的心最好不是摇摆的枝柯，而是静默的根系。不做毫无意义的炫耀，不仰慕风口浪尖的荣耀，保持内心的宁静，将使我们走得更远，走得更好。

（指导老师　高新刚）

又见孔乙己

江苏省无锡市辅仁高中高二
张旖天

犹记得在初中课本上第一次读完《孔乙己》之后，当时的自己竟然是鼻中微酸、泫然欲泣的了。现在想来只觉得矫情，而当时却的的确确是真情实意，甚至拿起笔来写了洋洋洒洒五六千字的文章，取名《以梦为马》，以孔乙己为引抒写自己与他人追求梦想的坎坷。每每路过南禅寺中的"咸亨酒店"，也不免善感地多看两眼。

直至今日再度在南禅寺路过如今已作他用的那个地方，习惯性地侧头去望，心中却蓦地闪过一个念头：原来从前我竟是如此可笑地会错了鲁迅先生的意了——先生写《孔乙己》，又怎是为了表达这样的小儿女情怀。

就如木心所写，如不将"顿悟"置于"渐悟"中，"顿悟"之后恐有"顿迷"。我对孔乙己的"渐悟"，应当便是寓于如今无数次"又见孔乙己"之中。

暂且撇开所谓"又见孔乙己"罢。如今翻开报纸，打开网页，抑或走进书店，或仅是粗粗一瞥，你必定会感叹如今的文坛当真是欣欣向荣——作协不断吸纳进新成员；书本腰封上的作者介绍中的年龄越发地小，也许该赞叹"少年英才辈出哉"？海报上书的销量达到一个惊人的数字，又该赞叹"读书人越发多了"么？新闻中不时有某几个著名文化圈中的人会晤交流时的大幅彩照，是否又该赞叹"真真是虚心上进"……这一连串的问号，在仔细看完后怕是要变为感叹号了——只要略一思索便会为如今中国文化圈的现状心惊了：那些"少年英才"，"作协的新鲜血液"，在有幸拜读读过他们的作品之后，我几乎想把手中的书掷到一个我再也看不见的地方，再瞥见其腰封上的销量，联想到其内容，我只觉得不寒而栗。如此多的人在"凶猛"的宣传下买下它们，读了它们，能有几个人心智清明地弃之如敝屣？剩下的人呢？里面又有多少心智尚未成熟的祖国未来的接班人……在和煦的春风里我激灵灵地打了个寒战，不敢再往下想。

再细看那些文化新闻罢。可是为什么只看到那一个个"著名作家"唱歌拍电影上电视——以"知名作家"的身份，却鲜有他们作品的消息呢？既然如此，又何必称为文化新闻。我很不情愿地承认这样的事实：中国的文坛正日趋于衰落，文化圈渐渐与娱乐圈重叠。我并非特指年轻作家们，以偏概全。那些成名已久的文坛耆老，他们亦忙着抬杠宣传打官司。森心论当代书法时曾写"日本书法，婢作夫人，总不如真。当今中国书法，婢婢交誉，不知有夫人"。私以为，这句话放在当今中国文坛，也是一样的。

我便是我又见的"孔乙己"们。鲁迅先生笔下的孔乙己，是典型的封建制度下潦倒的读书人形象。他写他分明处境窘迫却"着一件破旧的长衫""排出几枚铜钱"，被人取笑时"涨红了脸"争辩"读书人的事……能算是偷么"？他在那样的社会环境下屡试不中处境窘迫，却偏偏又有读书人的心高气傲，不可谓不可悲。鲁迅先生写孔乙己，是超越了其个人命运，矛头直指当时社会陈腐的"仁义道德""八股取士"的思想与制度，这样"吃人"的封建礼教禁锢人民的思想，从本质上导致了旧中国的衰弱。如今的"孔乙己"们呵，他们同样是读书人，却披上了鲜亮的袍，享受人们的拥戴。他们不再潦倒，反而是风光无限的。我只觉得，这样的一派欣欣向荣图景下暴露出来的问题，远比封建制度于旧中国可怕。

中国有几千年历史了，在春秋战国时期百家争鸣，至汉时清新自然的乐府，再至唐时达到顶峰的诗，宋时兴起并达到高潮的词，至元曲，再到明清时代的小说，中国陷入民族存亡危机时期的新文化运动——由此之后，特别是近二十年，可以被称为"伟大"的作品，却几乎无迹可寻了。如同一曲动人心弦的仙乐，由此戛然而止。"如今空前发展程度下的中国，为什么没有伟大的作品诞生？"已经有学者意识到这一点，提出质疑。为什么呢？我细究其原因，应当是人的思想吧。在当今社会，竞争越发激烈，人们自然而然地越发倾向于物质崇拜，一切衡量成功的标准都与名与利挂上了钩——在这样的社会背景下，这是无可奈何的事。人心也因此不可避免地浮躁，追求名利，再也无法回归到最初本真的宁静。也因此，伟大的作品无法诞生。

  与此同时，人们对于精神文化的需求不但不会减少，反而需要加倍地填补。而现实却是中国文化圈的现状着实让人担忧，那些"孔乙己"们，我之所以称他们为"孔乙己"，只因他们同孔乙己一样，是这个浮躁的社会悲哀的产物。需求在不断增长，中国文坛却日益衰落，文化重任要谁来担负？祖国花朵如何在这样的环境中成长？中国又将如何走向人民所期待的明天？会不会有一位当今的鲁迅振臂而呼，带领迷惘的人民找到正确的文化前进方向？

  所幸的是，在这样的局势下，依旧有小部分清醒的人存在。许倬云到我校作讲座的时候说道，你们要想清楚，如何面对我们正面临的世界。将"又见孔乙己"变为"再见孔乙己"，这个重担，一定有人会负起。

  也许正是我们自己。我信，终有这样的人，终有这样一天。